メガバンク
法人担当者
からの報告

中小零細企業の融資判断事例集

井村清志 著

近代セールス社

本書は『バンクビジネス』誌で2011年4月15日号から
2014年2月15日号まで連載した「ベテラン担当者に学ぶ
融資の可否判断」に大幅な加筆・修正を加えて発刊しました。

はじめに

融資業務はただ貸すだけで終わるのではなく、貸した資金を最後まで回収してはじめて完結します。融資の目標を達成するためには、「この担当先に貸したい」という強い思いはもちろん大切ですが、それだけで融資することはできません。

担当先に融資を実行するには、稟議という実務手続きを通過しなければなりません。そして稟議においては、「この担当先には融資を実行しても大丈夫」というポイントをきちんと押さえる必要があります。

このポイントを支店長などの稟議決裁者に理解してもらえることではじめて稟議が承認となり、担当先への融資が実行できるようになります。

この「融資を実行しても大丈夫」ということは、きちんと最後まで返済してもらえる、あるいは万が一のときにでも融資金をきちんと回収できるということです。この「融資を実行しても大丈夫」は融資審査の〝拠り所〟です。この拠り所があるかどうかが融資の可否判断の大きなポイントとなります。

拠り所は業績だったり担保だったり、信用保証協会や取引振りだったりします。また中小零細企業は大企業と異なり、経営者個人と会社とのつながりが強いという特徴がありますから、経営者個人の資産背景等も拠り所に加えることができます。

これらの拠り所を見つけることができれば、融資の可否判断は決して難しいことではないのです。

私は銀行に入行して今年で27年目になりますが、この間ほぼ一貫して融資業務に携わってきました。10年ほどはいわゆる大企業を担当していましたが、現在を含めて残りの期間は中小零細企業向けの融資に携わっています。

大企業の場合は極端に言えば決算分析だけで融資の可否判断が可能ですが、中小零細企業においては決算分析だけでは融資の可否は判断できません。むしろ、決算分析だけで融資の可否判断を行うことは危険とさえいえます。

強い節税意識や経営者個人との関係などが絡んできますから、中小零細企業の決算分析だけでは正しい実態分析や資金繰り検証ができないのです。したがって、なおさら融資の拠り所が大切になってくるのです。

本書では、私の融資可否判断の仕方や融資の拠り所の見極め方を中心に、苦労話なども織り交ぜて可能な限りのスキルを紹介しています。正しく可否判断ができた事例もあれば、もちろん失敗した事例もあります。

私が実際に経験した複数の事例を通じて、可否判断のポイントを習得していただければと思います。融資の可否判断ができるようになれば、自他ともに融資のプロと認めることができます。

中小零細企業は日本にある会社の99%を占めています。このような中小零細企業に資金供給することは大きな仕事であり、それを担っているのが皆さんなのです。ぜひ正しい融資の可否判断を身につけて、一緒に中小零細企業を応援していきましょう。

2014年9月

井村　清志

目次

目次

Ⅷ　融資先調査を怠ったケース

Ⅸ　融資取上げの困難なケース

I 不動産担保が確保できるケース

事例1　資金繰り破綻寸前のメイン先のトラック運送会社から運転資金の申し出（不動産担保の提供により融資を実行）

取引先であるA社は、首都圏にある一般トラック運送業者で、固定荷主を顧客に持っています。近県にトラック基地兼物流センターを保有し、荷主の需要に迅速に対応する体制を整えています。

業歴は40年以上を有しますが、近年は景気低迷の影響から荷主の運賃価格値下げ要請や新規業者の参入による競争激化で、年々利益率は低下しています。

一方で、排ガス規制による車両の買替えや物流センターの設備投資負担が重く、借入金も直近期では年商の70％弱と高い水準です。当行はA社の設立以来のメインバンクであり、融資シェアも高く気になっていた矢先、やはり運転資金として5000万円の申し出がありました。

「メインバンクだから」では審査は通らない

融資の申し出があったとき、私は「当行はメインバンクであり、支援しないとA社は破綻するかもしれない」と直感しました。ただ「メインバンクだから」というのは、融資する理由の一つにはなりますが、それだけで行内の審査を通すことはできません。

融資業務で重要なことは、貸したお金がきちんと返ってくることですから、その可能性を説明する必要があるのです。

では、どのようにして説明すればよいのでしょうか。それには、まずA社の現況をきちんと把握する必要があります。

A社の現況は以下の4点に要約できます。

①景気低迷の影響を受け全体の需要が減少している
②荷主からの要請や競争激化により、運賃価格の低下を余儀なくされ収益力が落ちている
③物流センター等の設備投資負担が重く借入金残高の水準が高い
④長い業歴を有し固定客の確保により営業基盤は確立している

④以外はA社にとってマイナス面ばかりです。さらに資金繰り状況をヒアリングすると、経

常収支（営業収入－営業支出）にほとんど余力がなく、月によっては経常赤字であることが判明しました（**図表**）。

借入金の返済は、経常収支の余力があってはじめて可能となります。手許に現預金があれば取り崩して返済は可能ですが、経常赤字が続けば、いずれ手許資金も底をつき返済不能となります。

つまりA社の資金繰り状況は、経常収支から借入金を返済する余力はほとんどなく、手許資金を取り崩して返済を履行している状態でした。また手許資金の水準も低下しており、このままでは2ヵ月後には底をつき、資金繰りが破綻する状態だったのです。

〈決算内容の推移〉　（単位：百万円）

	3年前	前々年	前年	当年
売上高	650	630	595	553
経常利益	10	6	3	1
借入金	330	355	389	375

これでは返済可能性を説明することはできません。

コスト削減の余地を見つけ返済能力を向上させる

返済可能性があることをどうやって説明するか。ここが今回、私が最も苦心した点です。A社の現況ではとてもそれを説明することはできません。

私が着目した点は、長い業歴を有し営業基盤は確立されているものの、いろいろムダな面があるに違いないこと、そして見直しを行えば、収支の改善は可能ではないかということです。つまり、次の柱に従って稟議を組み立てることを考えたわけです。

・A社の現況は厳しいもののコスト削減の余地がある
・今後の改善により収支が好転し返済能力が向上する見込みがある
・経営改善において必要な資金はメインバンクとして支援を行うべきである

早速、A社の社長と面談し、ムダの排除を含めて経営改善について話を聞きました。幸い私が指摘するまでもなく、社長自身も長い業歴の中で様々なムダや弊害があり、経営改善に向けて整理する必要があると考えていました。

私からは、メインバンクとしても、このままでは融資による資金繰り支援は困難になる可能性があること、そうならないためにもA社自身の努力が必要であることなどを説明しました。社長から「そろそろ本格的に考えないといけない時期に来ているかもしれない」との認識を引き出せたので、具体的な改善計画の策定をお願いしました。

経営改善計画の進行により融資は妥当と判断

数日後、社長から経営改善計画書の提出があり、具体的な項目と数字の説明を受けました。

その内容は決して実現不可能なものではなく、総じて改善可能性が見いだせるものでした。

この改善計画を基にして、今後の資金繰り改善余地の具体的な金額を算出し、返済可能性が見いだせることを説明したわけです。

さらに融資稟議に追い風となったのが、A社からの不動産担保提供の意思表示でした。どれだけ実現可能性のある経営改善計画を策定しても、それが計画どおりに達成されるかは、だれにも分かりません。計画が途中で頓挫《とんざ》してしまうこともあるわけです。

経営改善計画だけに頼っていては、私の返済可能性の主張は崩れてしまいます。それを補強するのが不動産担保です。つまり経営改善が進捗しなかった場合でも、最終的に融資は不動産担保にて保全されるということです。これにより、万が一の回収策もある根拠が示せるわけです。

以上をまとめると、
・資金繰りは厳しいものの今後の経営改善計画の進行により改善の期待が持てること
・当行はメインバンクでありA社の事業継続を支援する一定の責任があること
・不動産担保により保全が確保できること
などから、今回の融資は応じることが妥当と考えました。

●融資判断のポイント●
・景気低迷の影響と競争激化で状況は厳しいがコスト削減の余地はあること
・今後の改善により収支が好転し返済能力が向上する見込みがあること
・経営改善計画書の内容は改善可能性が見いだせるものであったこと
・不動産担保の提供により融資が保全される見通しが立ったこと

事例2
50年以上の取引歴があり売上が年々低下する書店から運転資金の申し出（根抵当権の極度増額により融資を実行）

先日、取引先であるB書店に最新の決算書を取り受けに行きました。その際、社長から「向こう1年間で3000万円ほど資金が不足します。今すぐということではないが、融資をお願いしたい」との相談を受けました。

私は直感で「これは融資するしかない」と思いました。なぜそう思ったかを話す前に、取引先から新たな相談を受けた場合の金融機関の選択肢について説明します。

選択肢は主に次の３つです。

①融資を断る

②融資せずに現在の融資の返済額を見直す

③融資する

①は融資しないわけですから、取引先は他の資金調達ができない場合、返済の延滞のみならず最悪、資金繰り破綻に陥ってしまいます。したがって、金融機関としても慎重な判断が求められます。

ましてや主力行の場合、融資の謝絶はそのリスクがより高いといえます。

②はいわゆる「リスケ（リスケジュール）」です。取引先には、返済負担軽減によって手許に残る資金で、資金繰りを維持してもらうことになります。ただ、リスケは今後の資金調達に支障が出るなど取引先にとってデメリットも多く、やはり慎重な判断が求められます。

そして、私はこのＢ書店からの融資相談に対し、直感的に最後の③を選択しました。その一番の理由は、当行との取引歴が優に50年を超えるうえ、当行は主力行だからです。

これらの事実には、簡単には手を引けないという有形無形のプレッシャーを感じます。融資を断ったり、リスケ対応により長年の取引先を追い込むような選択をすることはできませんでした。

将来性に乏しく稟議の組立てに四苦八苦

　では、どうやって稟議を組み立てて起案するのか…ここが肝心です。足許の業況が順調で、今後も期待できるのであれば、さほど苦労はしません。

　しかし近年の活字離れの影響は大きく、書店を取り巻く環境は決して良好ではありません。社長も「数年前まではこの地区に４つの書店があったが、いま残っているのはうちだけだ」と環境の厳しさを認めています。

　現にＢ書店の売上高は年々低下しており、楽観視できない状況です（**図表**）。このような状態で稟議を起案しても、上席から「ジリ貧の先なのに返済できるのか」と指摘されるだけです。

　この点を踏まえて、社長に今後の事業計画の展望について聞いてみると、「今後、売上が回復する期待は持てない。そのため、数年前に仕入先を抜本的に見直し利益率の改善を断行した」との答えでした。

　現にＢ書店の業績は売上低下の一方で、利益は毎年きちん

〈売上高と経常利益の推移〉（単位：百万円）

	前々年	前年	当年
売上高	375	330	295
経常利益	5	4	4

と確保しています。つまり、社長の数年前からの努力は明確に数字で結果が出ているのです。この点は、稟議において返済能力を補強する材料となります。

もう一つ私が注目したのは、「良い本は売れない。良くない本が売れる。だから本当は嫌だけど、良くない本を中心にした品揃えをしている…」という面談時の社長のつぶやきです。社長はとにかく読書家で、本をこよなく愛するからこそ、人生の糧になり教養を高める「良い本」を売りたいのです。しかし、現実は良い本が売れるとは限りません。

そこで、B書店では売上を維持するために品揃えをまったく白紙の状態から検討し、ある意味、ビジネスに特化した戦略を採用したのです。

社長は内心不本意なのですが、時代に合わせた弾力的な事業展開力を持ち合わせた人です。こうした柔軟な経営戦略は、今後の環境変化に対しても、うまく乗り切れるのではないかという期待を持たせてくれました。

この社長のつぶやきから、私は稟議書で「柔軟な経営戦略を持ち合わせており、業績の維持、返済能力の維持が期待できる」と主張することができました。

根抵当権の極度増額で保全を確保し融資を実行

しかし、これだけで稟議が通るほど簡単ではありません。業界環境の厳しさや、売上が年々低下しているという事実から逃げることはできないのです。ここは、やはり万が一に備えた保全を固める必要があります。幸いにも当行は、先代社長の自宅不動産に根抵当権を設定していました。

担保価値としての余力はまだ認められたため、根抵当権の極度増額を打診しましたが、社長の表情は冴えません。理由をよく尋ねてみると、先代社長が亡くなり、その後の相続によって所有者は社長の弟名義となっていたのです。

しかし、どうやら兄弟の仲が良くないらしく、社長は弟に根抵当権の極度増額を言い出しづらいようです。余計なことかもしれないと思いつつ、保全を確保しなければ最終的に融資が組み立てられないと感じていた私は、所有者つまり社長の弟に直接説明してみたいと申し出ました。

すると、「悪いけど、お願いしてもいいかな」と申し訳なさそうに社長は言ったのです。

数日後、私は社長の弟に連絡を取り、約3時間にわたり担保の増額を説得しました。最初はやはり懸念を示されたものの、最終的には「親父が作った会社を、子供が潰すわけにもいかない」と同意を得ることに成功。その結果、保全を固めつつ、社長の希望どおりの融資を実行できたのです。

融資契約を行った後、帰り際に事務所入口近くの書棚に「店長がすすめる『良い本』です」

というキャッチフレーズの下、30冊くらいの本が並べられていたのを、今でも鮮明に記憶しています。

●融資判断のポイント●

・当行との取引歴は優に50年を超えるメイン先であり支援の必然性が高いこと
・仕入先を抜本的に見直すことで利益率の改善を断行したこと
・社長の柔軟な経営戦略から業績、返済能力の維持が期待できること
・設定されていた根抵当権の極度増額について同意が得られたこと

事例3
競合の出現で収益性が悪化したメインの酒屋から後ろ向き資金の申し出（不動産担保を取得し後ろ向きの融資を実行）

C商店は街の酒屋です。店主の話では昔は売上も好調だったそうです。近隣に競合店もなく、ほぼ独占状態で日々売上が自然に入ってくる状態でした。

しかし、そんなC商店にも転機が訪れました。近くにコンビニエンスストアができたことで、客足がまたたく間に減少したのです。同店は酒類だけでなく日用品も販売していましたが、コンビニエンスストアの品揃えにはとてもかないません。

そこで、売上の減少をカバーするため、クリーニングの取次などの業務にも取り組んできました。

年商並みの融資残高のところに追加の申込み

当行はメイン行として長年の取引があり、融資もほぼ年商並みに達しています（**図表**）。ただ、私は担当者としてC商店の行く末を危惧《きぐ》していました。

先日、店主から３００万円の融資申込みがありました。当行はメイン行とはいえ、すでに年商並みの融資残高があることや、今後、成長の見込みは薄いと感じていたことから、私はこの申し出に正直乗り気ではありませんでした。できれば融資を断りたいと思ったくらいです。

後日、詳しい話を聞くため店主に来店をお願いしました。

〈年商と融資額の推移〉　（単位：万円）

	4年前	3年前	前々年	前年	当年
年　商	2012	2001	1998	1981	1905
融資額	1736	1755	1711	1695	1705

しかし、店主からは「すみません。店番は私しかいないので伺えません」との返事。そこで数日後、私の方からC商店を訪れました。

C商店の近くには小学校があります。夕方だったため、家に帰る小学生の姿をちらほら目にしました。店の前に近づくと店主が、下校中の小学生一人ひとりに声をかけています。私はその光景に何となくホッとするものを感じながら、店主と話をしました。

店主からは、

「この店をたたんで、マンションやアパートでも建てて、家賃収入を当てにしたほうが楽だと思う。それは分かっているのですが、こうやって毎日子供たちが店に来てくれるんですよ。それに、この近所にはお年寄りがたくさん暮らしていて、遠くまで買い物に行けない人が多い。だから、うちのような小さな店でも頼りにしてくれています。子供たちやお年寄りのことを考えると、なかなか店をたたむことができないのです」

という話を聞きました。

現金仕入れを実現するための融資を検討

私は日ごろから、あまり店主と面談していませんでしたが、この話を聞いて人柄の良さに心打たれるものがありました。その間にも、小学生が店に入ってきたり、お年寄りから配達の電話が入ったり、クリーニングを頼みに来る人々を目にしました。

店主の話を聞き、お客の姿を目にして、それまで融資に否定的であった私の考えは俄然、前向きなものになりました。むしろ「何とかしてあげなければ」という思いに変わったのです。

店主に、今回の融資の資金使途をヒアリングしたところ、「返済負担が重いため、返済した分を復元してほしい」というものでした。とはいえ、当行のC商店への融資残高は、すでに年商並みに増えており、売上も厳しい状態が続いています。今回の融資希望額は300万円ですが、それでも決して簡単に稟議が通る状況ではありません。

今後の対応について話をしているとき、私は店主から「現金仕入れにすることができれば、割引が受けられるから、儲けが膨らんで今より楽になるんだが…。でも、そんなお金の余裕はないしね」といった悩みを聞きました。私はその話に飛びつきました。

C商店の売上が今後、飛躍的に伸びることは正直難しいと思われます。そのため、事業を続けていくうえで、仕入価格の低下は収益性の改善に寄与するとともに、将来の資金繰りにもプラスになります。

さらに、これを機に複数の融資を集約することで返済額は今よりも減らせます。この計画が実現すれば、返済のための借換えをなくす、あるいは借換額を少なくでき、借入額を今よりも早く減らすことが期待できます。

担保取得のメドを確認し融資を実行

C商店に対する当行の融資残高は、ほぼ年商に匹敵していたため、将来性を考えると、融資の回収を懸念せざるを得ない状況でした。

私はこのことを踏まえて、次の2点を稟議のポイントとしました。

①今回の融資は仕入支払方法の短縮により、仕入価格の割引をもたらし収益性の改善に寄与する

②収益性の高まりにより、資金繰りの改善が期待され当行融資の回収が進む

もっとも、今回の融資を行えば、一時的にせよ当行の融資額は増加します。資金繰りの改善により、今後の回収が進むことが期待できるとしても、確実な保証はありません。

したがって、やはり万が一の場合の保全が必要です。これに関しては、幸いにも店主の父親が近くでアパート経営をしていました。また不動産も所有しており、将来は店主が相続する予定であることもヒアリングできました。

今回の融資を機に、この不動産を担保取得することはできませんでしたが、C商店に万が一のことがあっても、父親からの資金援助が期待できることや、不動産担保取得に一定のメドがついたことを保全として、稟議を組み立てることができました。

これらの結果、融資が実行でき、当面の資金繰りを支援するとともに、仕入価格の低下という収益性のプラスにも貢献することができました。

●融資判断のポイント●
・仕入価格の低下は収益性の改善と資金繰りにもプラスになること
・複数の融資を集約し返済額を今よりも減らすことで資金繰りの改善につながること
・万が一のことがあっても父親からの資金援助が期待できること
・父親所有の不動産を担保取得することに一定のメドがついたこと

事例４　撮影機材レンタル会社から他行返済資金の申し出
（他行定期の担保取得で融資を実行）

映画やドラマの撮影に利用される、いわゆるロケバスや撮影機材等をレンタルを業とするD社の社長から、電話がかかってきました。「ちょっとおいでよ、お金借りてあげるからさ」

私は「お金を借りてあげるから」という社長の言い草が気に入らなかったものの、融資目標に少しでも近づけたいという気持ちもあり、数日後D社に出向きました。

高飛車な態度の社長から突然の融資申し出

社長は、「お宅から借りている金額もずいぶん少なくなった。あなたもノルマがあるでしょ。5000万円ぐらい借りてあげるよ。いまどき、そんなに借りてくれる担当先なんてないんじゃない？」と相変わらず高飛車な態度なのです。

〈売上高と借入状況の推移〉　（単位：百万円）

	前々年	前年	当年
売上高	898	902	910
総借入金	420	425	430
当行融資額	35	30	25

D社の業績はまずまずで、私も融資シェアを伸ばしたいと思っていた担当先の一つです。ただ、取引先が「借りてあげるから」といって、ホイホイと融資できるものではありません。融資金を何に使うのかも明らかにせず、「借りてやる」という社長の態度では、稟議書に何を書けばよいのか困ってしまいます。

通常、企業の経営者が何の目的もなく借入れをすることはありません。その必要性が必ずあるはずです。要因を解明しない限り、融資を取り上げるのは難しいでしょう。ただ、この高飛車な態度の社長から、借入れの必要性を聞き出せるかどうか正直不安でした。

私はＤ社の決算書を改めて分析しました。他の担当先に比べて業績は順調ですが、過去からの推移を見ると、売上・収益ともほぼ横ばいの状態でした。その一方で借入金は、最近事業用の不動産を購入し資金を銀行から調達したため増加しています（**図表**）。

借入金のほとんどは他行のものですから、具体的な返済条件は分かりません。そこで私は借入期間を平均５年と仮定し、１年あたりの返済額を算出してみました。その返済額とキャッシュフローを比較したところ、Ｄ社の借入返済負担はキャッシュフローでは十分に賄えず、理論上は毎年新たに１億円程度の借入れをしないと、返済を続けることは難しいことが分かりました。

また、他行の融資残高を見ると当行以外はすべて億単位となっています。Ｄ社の業績がどれだけ順調だとしても、融資残高が億単位に達していたら、大きな金額の融資は難しいはずです。

資金が必要とされる真の理由を仮定してみる

以上を踏まえて、私はＤ社の社長が「借りてあげる」と言ってきた本当の理由を、次のように推測しました。

・借入金の返済負担が重い

・このまま返済を続ければ手許資金が不安になる

・主要な銀行からはもう簡単に融資は受けられない
・他の調達先から早期に借入可能なメドをつけたい

私は、この推測をもとに社長と面談し、D社の最新の借入状況を聞いた後、率直に「返済のための新たな借入れが必要ではないか」と質問してみました。

日ごろの社長の態度から、私は少し身構える気持ちになったのですが、意外にも社長は素直に返済のための借入れの必要性を認めました。年間の借入必要額は、私の想像を少し上回る水準でした。

このまま社長が突っ張った対応を続けたら、私は今回の申し出を断ったかもしれません。ところが、社長は素直に借入れの必要性を認めました。日ごろの対応から考えれば、おそらく相当な抵抗があったはずです。

この素直な反応に、私は「D社を何とかしたい」という気持ちにかられ、どうやって稟議を組み立てたらいいか真剣に考えました。

定期預金等で保全を確保して融資を実行

今回、私がやろうとしているD社への融資は、他行借入れの返済凭《もた》れを支援するものです。他行借入れの返済凭れは、その銀行が対応するのが筋であって、当行が対応する必要性はないというのが基本的な考え方です。

D社の業績はまずまずの状態ですから、融資シェアの向上を目指して、積極的に対応するという考え方もできます。しかし一方で、業績が今後低下していけば、返済凭れはさらに増大するリスクがありますから、「他行返済の凭れの面倒を見るなどとんでもない」という考え方にも一理あるのです。

今回の融資稟議を通すには、資金使途の内容からも保全が避けて通れないポイントです。逆に保全をある程度固めることができれば、何とかなると私は考えていました。ところが、D社保有の不動産は他行がすでに担保設定をしていて、担保余力は見いだせません。

今回の融資金額は5000万円で、返済は期間5年の元金均等返済です。つまり、年間1000万円の返済が進むことになります。D社には、他行に担保となっていない定期預金が数千万円あったので、私は具体的に2000万円を当行に移してもらい、かつその預金を正式担保としてほしいと社長に訴えました。

これに加えて、毎月150万円ずつの積立定期預金の作成をお願いしました。預金担保2000万円を取得することで、保全不足は3000万円となります。また、毎月150万円の積立定期預金を作成すれば、担保外とはいえ1年後には1800万円の定期預金となります。

つまり、1年後に融資残高は4000万円（5000万円－1年間の返済額1000万円）

となる一方で、預金担保2000万円に積立定期預金1800万円を加えれば、3800万円となります。積立定期預金は、広義の保全と考えられますから、1年後にはほぼ保全充足の状態となるのです。

過去の業績推移などから、D社は1年以内に破綻するとは考えられない状況でした。社長には、積立定期預金は新たな担保として活用することで追加融資の可能性が高まることも説明し、理解を得られました。

D社の財務状況が、決して楽ではないという私の指摘を素直に認めてくれた社長の態度と、1年後には実質的に保全不足が解消するとの試算により、今回は5000万円の融資実行となりました。

●融資判断のポイント●

- 申入れの理由は他行の借入金返済のためであり基本的に当行が対応する必要はないこと
- 借入金は増加しているが業績は順調で売上・収益ともほぼ横ばいで推移していること
- 他行の定期預金2000万円を担保として当行で取得できたこと
- 毎月150万円の積立定期預金作成の了解が得られたこと

事例5
他行に担保のある食品卸会社から運転資金の申し出
（取引肩代わりと新規融資を実行）

年商7億円ほどの食品卸売業E社の社長から、運転資金として3000万円の融資申し出を受けました。年末年始の資金繰りに不安があるため、手許資金を積み上げておきたいとの要望です。

食品業界では年末年始は稼ぎ時であり、普段の月よりも大きな取引が発生しがちです。資金負担も大きくなるため、それに備えて手許資金を積み上げておきたいというE社の要望は、自然なものでした。

無担保でのプロパー融資により取引を開始

E社は当行以外にA信用金庫とも取引がありました。当行は数千万円のプロパー融資を行っており、すべて無担保の状態です。もともと、同社はA信用金庫のみと取引していましたが、当行が新規取引の提案を行い2年前に取引開始に至りました（**図表**）。

それ以降、当行は無担保でのプロパー融資を行っているのです。後発の取引ではよくある状

〈売上高と融資額の推移〉　（単位：百万円）

	前々年	前年	当年
売　上　高	700	670	710
A信金融資額	85	88	90
当行融資額	15	13	10

態です。

取引歴が長いこともあり、日ごろの入出金取引にはA信用金庫の口座が使われています。また、本社不動産や社長の自宅には同金庫が担保設定をしています。

私から見れば、A信用金庫には入出金取引もあり、かつ不動産担保により融資の保全が確保されているため、うらやましい限りでした。当行の取引歴は同金庫に比べてとても短く、私はやむを得ないものとあきらめていたのです。

ただ、今回はせっかくの申し出なので、何とかしたいという思いが強かったのですが、当行にはすでに無担保で相応の融資があり、これ以上の拡大は困難な状態でした。

信用保証協会の保証付きも検討しましたが、利用残高も相応の水準に達しており、やはり無担保扱いで追加保証が得られる可能性はありませんでした。

メインのA信用金庫から融資を受けるよう助言

E社から相談を受けた翌日、私は社長と連絡を取り、次の2点を伝えました。

・当行での追加融資は担保がない限り難しいこと
・メインであるA信用金庫に相談してほしいこと

これに対して、社長からは「すでにA信用金庫には相談済みであり、追加の担保がないと融資は難しいと言われている」とのことでした。

E社の本社と社長の自宅については、以前、担保の余力がないか当行で担保評価していました。そして、この担保評価とA信用金庫の融資残高を比較してみると、まだ担保評価のほうが高く、同金庫は現在の担保（根抵当権）の範囲内で、まだ融資できるのではないかと私は感じました。

そこで、私は社長にA信用金庫の担保設定状況と借入残高を示し、借入残高に比べて不動産担保にはまだ余力があると思われるため、同金庫にその点を話して、今一度融資の相談をしてもらうように助言しました。すると社長はその旨承諾し、後日その結果を連絡してもらうことになりました。

数日後、社長から「やはりA信用金庫では、これ以上融資が出せないそうだ」との連絡がありました。私は同金庫の対応を厳しいと感じるとともに、何か私が知らないE社に関するネガティブ情報をつかんでいるのではないかと推測しました。

逆にそのようなネガティブ情報がないのなら、E社とA信用金庫との取引をすべて当行に移してもらうチャンスとも考えました。

担保の譲渡を条件に取引の肩代わりを実行

私は、社長に最近の試算表の提出を依頼しました。試算表を見る限り、業績の大きな変化や財務上気になる点はありません。そのうえで、社長に思い切ってA信用金庫が取得している担保をすべて当行に譲渡してもらい、融資取引を含むすべての取引を当行で対応したい旨を正式に申し入れました。

さらに、現在のA信用金庫に対する借入れの返済状況を、社長個人のローンを含めて（社長は同金庫から住宅ローンを借りていた）、すべて当行に教えてほしいと要請しました。私としては、A信用金庫に対する延滞の有無を調査し、正常に返済がなされていることを確認したかったのです。

私の率直な申し出に対して、社長は最初「大丈夫か？」といった不安な表情を見せましたが、次第にA信用金庫の日ごろの取引姿勢への不満をツラツラと話し出し、最終的には了解してもらいました。

1週間後、社長からA信用金庫に対する借入れや住宅ローンの返済状況に関する資料が提出され、返済が遅れているなどのネガティブな情報がないことを確認できました。

翌日、私は支店長とともにE社を訪問。そして、同金庫の不動産担保をすべて当行に譲渡してもらうことを条件に、借入れをすべて肩代わりするとともに、今回の３０００万円の融資も実行させてもらうことを伝えました。

また、同席した支店長からは、本件が成就した暁にはE社の入出金の取引を徐々に当行に移してもらうよう依頼してもらいました。その後、私は融資の肩代わりと不動産担保譲渡の事務手続きを進めたのです。

後から聞いた話では、A信用金庫からE社に対して「３０００万円の融資を実行するから、取引の移管を思いとどまってほしい」との要請がなされたようですが、社長は当行に対する約束を守り、取引の肩代わりが実現しました。

●融資判断のポイント●

・すでに無担保で相応の融資があるため追加での融資は困難な状態だったこと
・信用保証協会の保証付きでも無担保扱いでは無理だったこと
・メインのA信用金庫では融資できないというが担保余力はあると推測できること
・A信用金庫の不動産担保をすべて譲渡してもらえたこと

事例6
年間の借入金を利益で賄えない通信機器製造会社から返済資金の申し出（担保余力を根拠にプロパー融資を実行）

融資は実行するだけでなく、最後まできちんと返済してもらうことで完結します。したがって、取引先の「返済能力の有無」は、融資判断における原点といえます。ところが、多くの中小企業には十分な返済能力が認められないのが現実です。もっとも、返済能力がないからといって、すぐに融資をあきらめる必要はありません。それを補う別の拠り所があれば、前向きに検討することができるのです。

では、何を根拠に検討すればよいのでしょうか？　そのキーワードは「調達余力」です。

大口先からの受注減に加え借入金負担が重荷に

通信機器を製造するＦ社は、受注の７割を大手メーカーに依存しています。そのため、大手メーカーの業績不振の影響を受けてここ数年は受注が減少しており、業績も低迷しています。加えてＦ社は、製造に関わる設備投資負担や借入金負担が重くなっています。年間の借入金返済額は３０００万円ほどあり、業績の低迷に伴いその全額を利益等の自己資金で賄うことは難しくなっていきました（**図表**）。

このため、年間返済額相当の３０００万円の新たな調達が必要となり、それができなければ、資金繰りに決定的な支障が生じます。

つまり、Ｆ社は返済能力が極めて低い水準で、当然ながら新たな借入金の返済も自己資金で賄う余力はないということです。このような状態で、私はＦ社から新たに１０００万円の融資申込みを受けました。

〈決算内容の推移〉　（単位：百万円）

	前々年	前年	当年
売　上　高	1010	955	988
経常利益	9	5	7
総借入金	510	505	515
年間返済額	25	27	29

融資判断の原点である返済能力がないわけですから、融資を断るのは簡単です。私もＦ社が取引のない新規先であったり取引歴が浅い先であれば、断っていたかもしれません。

しかし、Ｆ社は昭和30年代の取引先で当行は準メインの立場です。現在は業績が低迷していますが、元々は大手メーカーの代理店として設立され、取引基盤は盤石なものがありました。つまり、事業基盤は十分に確立されていたのです。

問題は借入金の返済負担が重いということです。この場合リスケも選択肢の一つですが、社長にその考えはなく、私もリスケではなく新たな融資によって資金繰りを維持することだけを考えていました。その根拠は冒頭に述べた「調達余力」です。

調達余力の有無を見て融資の可能性を検討

極端な話ですが、企業というのは、どれだけ業績不振であっても、資金が続く限り倒産することはありません。資金繰りをつなぐことができるかどうかは、調達余力にかかっており、私はそれを3つの視点から判断しています。

1つ目は、「信用保証協会の保証余力」です。中小企業の多くは信用保証協会を利用しています。信用保証協会の保証が得られれば、よほどのことがない限り、ほぼすべての金融機関は融資に応じます。

F社は業歴が長く、設立後間もない時期から信用保証協会を利用していました。そのため、信用保証協会もF社のことを十分に理解していたのです。

ここ数年の経過を見ると、信用保証協会も少なくとも返済進捗分は追加で保証をしています。このことから、おそらく今後も返済進捗分については保証が認可され、融資が受けられる見込みが高いと考えられます。

調達余力の有無を判断する2つ目の視点は、「担保余力」です。無担保融資には、どの金融機関でも一定の限度額があります。この限度額を超えて融資を検討するには、やはり担保が必要となってきます。

逆の言い方をすれば、担保さえあれば、無担保の限度額を超えて融資が受けられる可能性があるということです。Ｓ社の場合は、製造工場のほかに３つの不動産を保有していました。当行は、すでにこれら４つの不動産をすべて担保として取り受けていましたが、前回の融資の返済が進んでいるため、その分、担保に「空枠」が生じています。つまり、担保余力があるわけです。この担保余力を保全とすれば、新たな融資を検討することができます。

さらに、社長は自宅不動産を保有しており、自宅には当行を含めてどの金融機関も担保設定していませんでした。つまり、無傷の不動産があるわけです。将来、この不動産を担保提供すれば、Ｆ社にはまだ融資を受けられる可能性があります。

調達余力を稟議書で訴え融資実行に至る

調達余力の有無を判断する３つ目の視点は、「他行動向」です。Ｆ社の資金繰りを当行だけで支えるのは、やはり限界があります。他の金融機関と分担して支えることが必要です。

また、他の金融機関から融資が受けられるということは、調達余力があると考えられます。Ｆ社と取引がある他の金融機関の動向はどうかといえば、こちらも取引歴は当行と同様に長く、毎年一定の融資を実施しています。

社長へのヒアリングによれば、他の金融機関の訪問頻度も高く、当行とほぼ同時期に融資の申込みをしており、すでに前向きな回答をもらっているとのことでした。今回も他の金融機関がF社に融資を行う期待が十分にあるわけです。

結果的に前述の3つの視点、すなわち信用保証協会の保証余力、担保余力、他の金融機関の動向のいずれから見ても、S社には調達余力が備わっており、私は融資実行には問題がないと判断しました。

業績が低迷していても、調達余力を見いだすことができれば、融資の稟議書は比較的容易に組み立てられます。今回も稟議はすんなりと決裁され、F社に融資を実行することができました。調達余力の有無は、返済能力の有無と並んで重要な融資判断のポイントといえます。

●融資判断のポイント●

- 信用保証協会は返済進捗分については融資を受けられる見込みが高いこと
- 製造工場のほかに3つの不動産を保有しており担保余力があること
- 他行も当行と同様取引歴は長く毎年一定の融資を実施していること
- 業績が低迷していても調達余力が備わっていること

事例7
資金繰り見通しの甘い内装工事会社から立て続けに運転資金の申し出（根抵当権の極度額を増額し融資を実行）

取引先のG社は、オフィス向けの内装工事会社です。1年前に大手ゼネコンより新規受注があったことで、業績の伸びには目を見張るものがあります（**図表**）。現在の社長は2代目で先代の娘婿にあたり、先代の要請により社長に就任しました。

G社の取引金融機関は5つあり、当行はメインバンクです。すべての金融機関が融資取引を行い資金繰りを支援しています。

私がG社を担当してから、まだ3ヵ月ほどしか経過していませんでした。先月、社長から初めての融資依頼があり、正直実態をよく把握しないまま信用保証協会の保証付きで融資を実行しました。

2ヵ月連続の融資相談で資金繰りに不安を感じる

そして、先月に続き今月も社長から融資の依頼がありました。立て続けの依頼です。当然、私を含め行内の関係者からは「また融資の依頼か。先月融資したばかりじゃないか。一体、G

〈決算内容の推移〉　（単位：百万円）

	前々年	前年	当年
売上高	890	880	905
経常利益	8	7	9
経常収支比率	−98.5	−97.8	−98.8

社の資金繰りはどうなっているんだ」といった声が聞かれました。

私は社長に来店してもらい、資金繰りを含めて今回の融資依頼の理由をヒアリングしました。そのときのやりとりは、次のとおりです。

「社長、先月ご融資をさせていただき、御社の資金繰りは当面安定するものと認識していました。しかし、今月再び融資が必要ということですね。資金繰りはどのような状態になっているのですか。決して責めるつもりはありませんが、度重なる依頼を受けますと、どうしても資金繰りが気になります。実態をお聞かせいただけませんか。そうでないと、私も融資の起案ができません」

「ご迷惑をおかけしています。実は例年この時期は、年間を通して売上が最も低い時期なのです。そのため、資金繰りはどうしてもきつくなってしまうのです」

「売上がこの時期に低下するため、資金繰りが厳しくなることは分かりました。ただ、そうであれば、先月融資のご相談をいただいたときに、当面の資金繰りを見込んだ金額で申込みいただければよかったのではないですか。仮に当面の資金繰りを維持するのに、向こう半年間で5

000万円が必要なら、その金額で相談をしていただくほうがよいのです。今月は2000万円、来月は1000万円と申し込まれては、当行も御社の資金繰りに不安を抱いてしまいます」

「申し訳ありません。恥ずかしいのですが、わが社では、常時100件以上の工事が同時並行で行われています。いくつかの大きな工事は、私自身も工事の進捗を把握しているのですが、それ以外の細かいものは、数が多くて物理的に把握することができません。そのため、今月はいくら工事代金が回収されるのかが分からないのです」

「何も、社長がすべて工事の進捗を把握する必要はないと思います。それぞれの工事には、担当者がいると思います。社長が担当者に指示をして、進捗度合いを報告してもらえばいいのではないですか？」

「そうですね。ただ、今まではそれほど資金繰りが窮屈になることがなかったので、担当者に指示をしていなかったんです」

抜本的に体制を見直し工事の進捗状況を管理

私も驚いたのですが、実はG社では工事受注先からの入金額が、入金当日にならないと分からなかったのです。つまり、社長自身が工事の進捗状況を把握していないため、受注先への請求も曖昧な状態で、いくら回収となるのかがまったく管理できていなかったのです。

これでは資金繰りの見通しのつけようがなく、連月にわたる融資依頼につながるのは当然です。そこで、次のように話しました。

「しかし社長、工事代金がいくら入金されるのか分からないという状況はいけません。そんなことを上司に報告したら、融資の審査などとても通りません。すべての工事の進捗をすぐに把握することは無理でも、受注金額が500万円以上、1000万円以上などと、一定額以上の工事については管理するようにしてください。そのうえで、今後の資金繰りの見通しを立ててください。これからは、当面の資金繰りの見込みに基づいた資金調達を行いましょう」

すると社長は、私の言ったことに理解を示してくれました。

「分かりました。各営業担当者に指示して、主要な工事の進捗を報告させます。そのうえで、きちんと代金の請求をさせるようにします。1週間ほど時間をください」

私は上司にG社の実態を報告するとともに、今後の資金繰りの見通しに基づき、融資を検討したい旨を伝えました。上司も私の考え方に賛同し、工事進捗管理による資金繰り把握の重要性を直接社長に説いてくれました。

1週間後、G社の社長から、約束どおり工事の進捗状況と今後の資金繰りに関する報告がありました。

「工事の進捗状況を各担当者に質問したところ、恥ずかしい話ですが、実にいい加減な部分がありました。これでは、お金がいくらあっても足りません。抜本的に体制を改善しないといけないと痛感しました。

工事の進捗状況が分かるようになると、資金繰りの見通しが立てやすくなります。おかげさまで、私自身の悶々とした気持ちも少し晴れたような気がします」と社長は言いました。

この報告を基に、私は社長と一緒に当面の資金繰りの見込みを検証しました。その結果、3000万円ほどの融資があれば、少なくとも来年の同時期までは資金繰りに支障はないことが分かったのです。

私は、この3000万円について工事代金の回収口座を当行の口座にしてもらうほかに、G社に設定している当行の根抵当権の極度額を増額することで、融資の稟議を起案しました。

その結果、社長の申し出どおりに融資を実行することができたのです。

●融資判断のポイント●

・大きな工事以外の細かいものについて進捗状況等を把握できていないこと
・工事受注先からの入金額が当日でないと把握できていなかったこと
・融資の見返りに工事代金の回収口座を当行の口座にしてもらうこと
・G社に設定している当行の根抵当権の極度額を増額すること

II 取引振りが良好なケース

事例8
メインに担保を独占されている電子部品製造会社から増加運転資金の申し出（輸出為替と預金の獲得により融資を実行）

取引先のH社は業歴30年の電子部品製造会社です。主に通信機器や、オフィス向け機器に使用される部品を製造しています。創業以来、国内の工場で部品を受注先に納入してきました。しかし、受注先の生産拠点が中国に移行する中で、先方からの要請や価格競争力に対応するため、5年前に中国に合弁会社を立ち上げ、現在は生産の6割を中国内の工場が占めています。

H社の足許の業況は決して良好とはいえません。中国進出に伴う多額の投資資金を賄うため借入金が増加し、その返済負担や金利負担から、資金繰りが悪化しています。毎年一定額の資金調達を行わなければ、資金繰りを維持できない状態でした。

新規の融資よりも保全の確保が優先課題

そんなとき、当行はH社から3000万円の融資申込みを受けました。申込みに来店した社長に話を聞いてみると、今回は資金繰り維持のためではなく、新規受注に伴う増加運転資金ということでした。

社長によれば、中国内での工場設備や技術力が評価され、国内有数の大手電機メーカーS社の現地法人から、新規受注が得られる見通しだということです。S社との取引はこれが初めてで、今回の受注が今後の新たな受注につながれば、H社は大きな発展が望めます。

さて、この受注自体は非常に前向きな話です。しかし、当行での融資取り上げは非常に厳しい状況といえます。当行は準メイン行の立場ですが、すでに融資額は約2億円とH社の直近期売上の約半分に達していました（**図表**）。

さらに、融資のうち保証協会付きの5000万円を除く約1億5000万円は無担保の状態でした。また融資以外の取引、すなわち売上代金の振込等、経常取引もまったくない状態です。つまり、H社に対しては「ただ貸しているだけ」の取引振りだったのです。

業績が好調ならまだしも、売上は年々減少し資金繰りも悪化しています。新規の融資を検討している場合ではなく、むしろ早急に保全を確保し、いかに融資を回収するかが課題でした。

〈売上高と融資額の推移〉　（単位：百万円）

	前々年	前年	当年
売上高	850	630	410
うち 輸出売上	430	230	240
当行 融資額	155	165	201

融資の問題点を明確にして具体策を検討

さらに、追い討ちをかけるように社長から「メインバンク（地元信用金庫）に相談したが、新たな担保提供がない限り、融資は無理だと断られた」と話がありました。担保はメインバンクが独占しており、その他に有力な担保はありません。

メインバンクでさえ断っている融資をなぜ当行が応じなければならないのか、という大きな疑問が立ちはだかります。大幅な保全不足とメインバンクが融資に応じない事実…とても稟議が通る状況ではありません。

私も申込みを受け付けた時点では、融資は非常に難しく、他の資金調達手段を検討するよう具申しました。しかし、今回の新規受注にかける社長の思いは強く、私が融資を実質的に断った後も、何度も受注内容やその後の事業計画を説明しに来店しました。

社長の熱意に押される形で、私は何とか案件を組み立てる方法を考えましたが、なかなか良いアイデアが浮かびません。

このように悩んでいたとき、私は融資する場合の問題点を、あえて明確にしています。なぜなら、それによって解決策をも明確にできるからです。そして具体的な解決策が見つかれば、それが稟議を通すポイントにつながります。

輸出為替を自行にシフトし保全不足を補う

今回の案件の問題点は、H社の業況悪化にもかかわらず、当行は多額の保全不足の状態にあるという点です。この問題を少しでも改善できれば、案件の検討は可能になると考えました。しかし、簡単には保全改善策が見つかりません。不動産はメインバンクが独占しているうえ、それに代わる有力な保全物件もありません。しかし、決算書を何度も読み込み社長と交渉を重ねる中で、私は売上の6割が中国向けの輸出であることに着目しました。

確認したところ、輸出為替は融資取引のないメガバンクの一行経由であることが分かりました。この輸出為替を当行経由にシフトできれば、大幅な預金増加につながるかもしれません。もちろん、正式な担保として取り受けない限り、預金は保全とはいえません。しかし補助的な保全にはなり得ます。さらに、預金残高の推移を時系列で見守ることで、即座にH社の業績の変化をキャッチできるわけです。

要するに3000万円の融資と引換えに、それ以上の輸出為替獲得と付随する預金の獲得により、すでに行っている融資をもカバーできる、実質的な保全強化を図ることを考えました。

保全を確保するために新たな融資を行うというのは、やや言いすぎかもしれませんが、融資稟議に関わる人を納得させる合理的な理由になると、私は考えたのです。

早速、社長に輸出為替のシフトについて相談しました。輸出為替は、長年取引行を変えていないことから、多少の抵抗はありましたが、当行の与信保全バランスを丁寧に説明し、金融機関の理屈にも理解を求めたことで、最終的に全面シフトに成功しました。

このスキームにより、表面的には3000万円の新たな保全不足が発生してしまいます。しかし、H社の売上の約6割を占める、輸出売上の回収ルートを当行が囲い込むことにより、融資金額を上回る保全が確保されます。

当行の課題だった大幅な保全不足を新たな融資を契機として改善できるという点が、今回の稟議の決め手となりました。

●融資判断のポイント●

- ・融資のうち保証協会付き以外は無担保で経常取引もまったくない状態であること
- ・借入金の増加で資金繰りが悪化しているが大手から新規受注が得られそうなこと
- ・輸出為替を当行経由にシフトさせれば預金を増加できる可能性があること
- ・預金残高の推移を見守ることで業績の変化をキャッチできるようになること

事例9
大幅な赤字を抱える建設業者から運転資金の申し出
（工事代金の入金指定を確保し融資を実行）

私が担当して2年になる取引先に、道路補修工事業のⅠ社があります。決算内容は良好なため、日ごろから足を運び、融資提案を繰り返していましたが、いつも「必要ない」の一言で、なかなか伸ばせない状態でした。

同社は手許資金を潤沢に保有しており、決算書を見る限り、確かに融資は必要ないのかもしれません。

突然の融資依頼に最新の決算書を取り受ける

ある日、私は「また断られるだろう」と思いつつ融資を提案したところ、社長から「いつも断ってばかりで申し訳ないから、来月３０００万円ほど借りることにするよ」との言葉が返ってきました。

私は飛び上がるほどの喜びを抑えて、すぐに検討することを伝えるとともに、決算の更新時期だったので、後日、最新の決算書を取り受ける約束をしました。しかし同時に、いつも断られる会社から急に融資の話があったことに、一抹の不安も覚えました。

数日後、私は再びI社を訪問し最新の決算書を入手したところ、その内容を見て愕然としました。売上は前期並みを維持しているものの、売上総利益の段階から大幅な赤字になっていたのです（**図表**）。

〈決算内容の推移〉

（単位：百万円）

	3年前	前々年	前年	当年
売上高	525	537	566	545
売上総利益	91	95	110	▲85
経常利益	66	65	81	▲110
自己資本比率（%）	49.5	51.3	55.4	32.3

売上総利益からの赤字というのは明らかに異常事態であり、新たな融資を検討するというよりは保全を固める、つまり、守りに徹するのが金融機関の基本姿勢です。前々から融資を提案していたこともあり、私は頭を抱えました。

昨今の建設業を取り巻く環境は厳しく、採算割れと承知しつつも、仕事をするために工事を受注する例が少なくありません。仕事がなければ資金が入らず、資金繰りがつかなくなるからです。

しかし、I社の場合には手許資金も潤沢に保有しており、採算割れの工事を無理して受注する必要はないと私は思っていました。とはいえ、この決算内容では融資の稟議を通すことは困難です。

採算割れの工事受注が大幅赤字の要因に

私は社長に大幅な赤字の原因を聞き取りました。そして、赤字の背景には社長の「人柄の良さ」があることを感じたのです。つまり、Ｉ社が発注する仕事に依存する下請先や職人を支えるために、採算割れであっても受注を取り、仕事を与えていたのです。

社長は、「下請けや職人は、うちの仕事がないと生活していけない。長年の付き合いだから、採算が取れないからといって、むやみに切るわけにもいかない」と言いました。ただ、社長の人柄の良さだけで融資はできません。

社長は、私の心配を分かっているかのように、「ただ、いつまでも今の状態を続ければ、当社がもたなくなる。それでは元も子もないので、今期は下請けや職人への支払いを減らすつもりだ。彼らも『手取りが減っても、仕事がなくなるよりはまし。不景気だから我慢するしかない』と言ってくれている」と言いました。

人懐っこい社長の顔を見ながら、私は次の2点を柱に稟議を組み立てようと考えました。

①今までの財務体質の実績から判断して、むやみな経営を続ける経営者ではないこと

②業績回復の手はすでに打っていること

Ｉ社は、自己資本比率の高さやここ数年の黒字決算から、手堅い経営に徹していることが客

観的に認められます。また、前期の大幅赤字決算を受けて、下請先などと交渉し採算確保の施策を実施しており、今期は黒字確保の道筋をつけていると思われます。

しかし、これだけでは稟議として弱いのです。足りないのは何か？　それは万が一の場合の保全です。

I社に担保となるような資産はありません。そのため、私は社長の自宅不動産の登記簿謄本を取り寄せ、担保とすることができないか調べました。しかし残念ながら、自宅不動産には住宅ローンの抵当権が設定されており、住宅ローン残高から担保余力を見いだすことはできませんでした。

工事紐付き融資にすることで保全面を補完

そこで、私は社長にこれからの工事予定の明細を、一つひとつ確認していきました。その中から、今回の融資希望額3000万円の工事立替え負担が発生する工事明細をピックアップし、その工事代金回収時期を聞き取るとともに、工事代金の回収口座は当行に指定してもらうよう話をしました。

つまり、

・融資対象の工事を明確にする

・工事代金の回収時期と融資期日を一致させる
・工事代金の回収は当行の口座にしてもらい、融資の返済原資を確保する

という「工事紐付き融資」により、保全面を打開することを考えたのです。

もっとも、これは確実な保全とはいえません。しかし、漠然とした運転資金融資とは異なり、工事代金を当行の口座に入金指定することで、返済原資を確実に取り込むことができます。さらに、工事代金の入金日と融資期日を一致させることで、工事代金の流用を防ぐとともに、Ｉ社に心理的なプレッシャーが与えられ、保全面の補完が可能となりました。その結果、稟議は無事に決裁され、希望額どおりの融資が実行できたのです。

後日、私はＩ社との融資契約を交わしました。

その際、社長から、

「実は、他行にも融資をお願いしていたのですが断られました。わが社のメイン行だと思っていましたが、苦しいときに助けてくれなければ、何のためのメイン行か分からない。今回はお宅にずいぶん助けられました。うちの工事代金は、ほとんどメイン行に入るようになっていますが、今後は順次お宅に切り替えていきます」

と感謝の言葉をもらいました。私は融資担当者としての喜びを噛みしめながら、Ｉ社を後にしました。

●融資判断のポイント●

・売上は前期並みながら売上総利益の段階から大幅な赤字に陥っていること
・下請先などと交渉し採算確保の施策により黒字確保の道筋をつけていること
・工事代金の回収は当行の口座にして融資の返済原資を確保すること
・工事代金の入金日と融資期日を一致させ工事代金の流用を防ぐこと

事例10 担保余力がなく新規保証が困難なクリーニング店から返済資金の申し出（取引振りを回収の拠り所に融資を実行）

今回は、取引振りを回収の拠り所にして行ったプロパー融資の事例です。

私の担当先にクリーニング店のJ社があります。自社で10店舗を営み、他のチェーン店に依存することなく、自力で事業を行っています。金融機関との取引は当行と地元信用金庫の2社体制。当行は主にJ社の新規店舗展開を資金面で支援しています。

もっとも経営状況は決して楽ではなく、クリーニングの取扱量の減少や原油高によるコスト高騰で採算は低下しています。それでもJ社は徹底したコスト削減に努めて、何とか赤字転落だけは回避できています。

信用保証協会の新規保証は困難との回答

しかしながら、年々の採算低下で毎年生み出されるキャッシュフローも低下、新規店舗展開のための借入金も多く、自社のキャッシュフローだけで返済を賄うことは到底できません。毎年一定額の資金調達が必要な状態であり、当行も信用保証協会の保証付融資で資金需要に対応してきました。

決算期が更新となり、私はJ社に出向いて最新の決算書をもらい、今年度の資金計画についてヒアリングしました。

社長からは、

・今年度も前期並みの水準を維持するのがやっとである
・年間の借入返済額が約5000万円あるが、すべてを自己資金で充当するのは困難である
・先行きの見通しも決して楽ではないため、可能なら今年度は年間返済額相当の5000万円の資金調達を行いたい

との相談を受けました。

私は従来どおり、信用保証協会の保証付融資での対応を考えましたが、不安もありました。それは、J社の信用保証協会の保証利用残は相当な金額に達しており、前回信用保証協会を利用した際、担当者から「当面は新規の保証は困難」とくぎを刺されていたからです。

私は支店に戻って早速、信用保証協会に連絡を取り、最新の決算書をもとに新規保証の可能性について照会を行いました。数日後、先方から連絡があり、予想どおり厳しい回答が返ってきました。

それは、これ以上の無担保での保証は無理というものです。かといって、J社に担保となるような不動産等の資産はありません。社長の自宅は社長名義ですが、住宅ローンの抵当権が設定されており、それを考えると担保余力は残っていない状態です。

売上金の入金を担保にして融資を検討

数日後、私はJ社の社長と面談しました。信用保証協会の回答を伝えるとともに、もしや私が知らない担保となるような資産はないかと思い、質問してみたのです。

しかし、J社や社長自身に新たに差入可能な担保資産を見いだすことはできませんでした。

私が困った顔をしていると、社長から「銀行さん。信用保証協会や担保もいいけど、うちはお宅に毎日の売上金を入金していますよ。その入金額を見れば、うちのリアルな業績が分かるでしょう。日々の売上金の入金を担保と見てもらえませんか？　入金を他行に持っていくようなことはしませんから」と言われました。

確かにそうなのです。日々の売上金の入金から、Ｊ社の財務状況は手に取るように分かるのです。

私は恥ずかしながら、融資取引以外のＪ社との取引振りが頭に入っていませんでした。一度支店に戻り、検討させてほしい旨を言い残してＪ社を後にしました。

早速、Ｊ社との取引振りを数年分確認すると、預金の平均残高と毎月の平均入金額は、**図表**のとおりでした。確かに預金平残、月入金額とも年々低下傾向にあるものの、一定の金額は見込める状態でした。つまり、社長の言うとおりだったのです。

Ｊ社の業績は楽観視できない状態ではありましたが、だからといって、今すぐ危険な状態になるとは考えられません。Ｊ社の取引振りから見て、２０００～３０００万円程度は、現時点で担保として見ることができました。

〈預金平残と平均月入金額の推移〉　（単位：万円）

	4年前	3年前	前々年	前年	当年
預金平残	3200	3000	3100	3000	2800
平均月入金額	2300	2200	2100	2100	1900

当行返済額と取引振りを拠り所にして支援

Ｊ社全体の年間借入返済額は５０００万円です。そのうち当行分の返済額は２０００万円程度でした。私はこの２０００万円と取引振りを拠り所として、プロパー融資での対応を検討することにしました。上司には以下の説明をし、支援したいと訴えました。

・Ｊ社とは約15年の取引歴があること
・不動産等の物的担保の取受けは難しいが取引振りは安定していること
・当行分の年間返済額は２０００万円であり、プロパー融資で対応しても、取引振りから考えられる拠り所の範囲内であること

幸い上司も私の考え方に納得してくれました。ただし、上司からは、10店舗の店別の収支状況は押さえておくよう指示を受けました。私はこのことをＪ社の社長に伝え、当行返済相当額をプロパー融資で検討していること、そして店別の収支状況を教えてほしいと伝えました。

社長からは、店別の収支状況は日々把握していると言われ、その場で前年度の店別の収支状況をまとめた一覧表をもらいました。これによると、すべての店舗が黒字ではありません。

しかし、赤字店舗に対する対策を社長はスラスラと私に説明してくれました。社長はきちんと問題を把握しており、日々対策を考えていたのです。こういった姿勢は、銀行としては非常

に評価できるポイントです。

私はJ社から取り受けた店別の収支状況の一覧表をもとに、上司に状況を報告し、赤字店舗に対する社長の対応を説明しました。こうして、J社については当行との取引振りを保全の拠り所として、プロパー融資を実行しました。

●融資判断のポイント●

・信用保証協会の保証利用残から当面は新規の保証は困難であること
・不動産等の担保の取受けは難しいが取引振りは安定していること
・2000～3000万円程度の預金は広義の担保として見れそうなこと
・赤字店舗の問題点をきちんと把握し日々その対策を考えていたこと

事例11
債務超過で保証枠のないメインの建物解体業者から運転資金の申し出（預金相当分のプロパー融資を実行）

金融機関の法人担当者は、日々様々な融資案件に直面しているわけですが、いつも安心して、かつ簡単に可否が判断できる案件にばかり巡り合うわけではありません。むしろ、財務上の問題を抱えているなど、可否の判断に迷うケースが大多数を占めるのではないでしょうか。

今回は、よくある事例の一つとして、数年前に私が実際に検討した案件を紹介します。

債務超過のため保証付融資で資金繰りを支える

取引先のK社は建物の解体業者です。当行との取引歴は10年ほどありました。業績はどちらかというと良好な方ではありません。黒字決算の年もあれば大幅な赤字決算の年もあり、安定していないのです。過去の大幅な赤字の影響から、債務超過の状態になっていました（**図表**）。

K社は、当行のほかに地元の信用金庫と取引がありましたが、メインバンクは当行です。業績が不安定なため、それに比例して資金繰りも安定しておらず、社長からは頻繁に融資の相談を受けていました。

〈決算内容の推移〉　（単位：百万円）

	前々年	前年	当年
売上高	560	530	555
経常利益	5	−15	1
当行預金平残	26	28	30

債務超過の状態ですから、当行は積極的にプロパー融資を行うわけにもいかず、もっぱら信用保証協会の保証付融資で資金繰りを支えていたわけです。返済が進むと、再び保証付融資で実質的に融資を復元する対応がしばらく続いていました。

このような取引状態にある中で、ある日、社長からまとまった資金の申し出を受けました。大規模な解体工事を受注することがほぼ決まっており、かなりの額の立替えが発生するため、それを用立ててほしいということです。

私は、日ごろから社長に、資金繰りにも気を配った受注活動を心がけてほしいと申し入れていました。工事を受注すれば売上も増え、通常なら儲かります。K社にとっては基本的にプラスになることです。

しかし一方で、一時的にせよ資金負担が発生してしまうのも事実です。工事を行うには作業をする人が必要ですし、工事内容によっては材料の調達や、他の業者に外注する必要も出てきます。

工事代金を前受けできればよいのですが、ほとんどの場合、工事代金は工事完成後、あるいは工事の進捗度合いに応じての後払いです。つまり、工事代金を受領するまでは、資金の立替えが発生してしまうのです。

くれぐれも資金繰りに気を配った受注活動をするよう社長にお願いをしていた傍ら、やはり大きな仕事があれば、受注したくなるという気持ちは当然に理解できました。

保証付融資の利用も限界で担保もなく謝絶を検討

さて、社長から融資の申し出を受けて、私はどうしたものかと悩みました。今回の融資は、大きな工事受注に伴う前向きな性格のものですが、一方で足許の業績は悪く、簡単に実行できるケースでもありません。

まずは鉄則の対応として、これまでと同様に信用保証協会の保証付融資を検討してみたものの、すでにK社は相当額の保証付融資を利用しており、信用保証協会が追加の保証を行う可能性はほとんどありませんでした。

それなら、担保を取り保全を固めてプロパー融資といきたいところですが、担保余力のある資産はK社や社長にはありませんでした。社長の自宅は自己名義だったのですが、まだ住宅ローンの負債が相当残っており、担保余力を見いだすまでには至らなかったのです。

私の頭には、「この案件は断らざるを得ない」という思いがよぎりました。ただ、相談を受けた際の「何とか融資をお願いしたい」という社長の表情を思い起こすと、簡単に断る気持ちにもなれませんでした。

また、今回の受注工事はK社が従来受注していたよりも大規模なものであり、これをきっかけにステップアップできる可能性も秘めていました。前向きな案件であることは確かだったのです。足許の業績は良くない、信用保証協会の保証枠を使い切っている、担保はない。このような案件は決して少なくないはずです。

こういった状況で、融資の可否を判断する一つの基準となるのが、取引先が自行に置いている預金の水準です。預金量は、取引先の一次的返済能力のメルクマール（指標）となります。預金量の推移を把握することで、決算書や試算表では把握できないリアルタイムの返済能力が認識できます。預金が一定量あれば、少なくともその部分については、一次的とはいえ返済能力を有していると考えることが可能です。

したがって、この預金相応についてはプロパー融資を検討してもいいのではないか、という判断ができるわけです。

預金量相当分のプロパー融資を実行

では、K社の場合はどうだったかというと、売上の9割程度は当行の預金口座に入金されていました。これに伴い一定の預金平残があり、その額は少しずつ増加する傾向にありました。つまり、K社は債務超過で、試算表段階で判断する限り足許の業績は赤字状態だったものの、預金平残の増加の動きから、業績が持ち直しつつあることが推察できたのです。

先に述べたように、その預金量はK社の一次的返済能力のメルクマールと考えることができます。結果として、私は次の2点を前提に、預金量程度のプロパー融資を無担保にて支援することを起案しました。

・受注工事代金の振込先は当行に指定してもらう
・工事代金の受領時期に合わせた返済計画とする

この結果として、無事承認が得られたのです。

融資可否判断に迷うケースには必ず遭遇します。そういう場合、決算書や試算表の分析が大切であることは事実ですが、取引先との入出金取引を見つつ、その結果としての預金量を把握することも時には必要です。預金量相当分は一次的にせよ返済能力があると考えて、プロパー融資を検討する材料となります。

●融資判断のポイント●

・K社は債務超過で信用保証協会が追加の保証を行う可能性はほとんどないこと
・K社の売上の9割程度は当行の預金口座に入金されていたこと
・業績は赤字だが預金平残の動きから持ち直しつつあることが推察できたこと
・工事代金の振込先は当行に指定してもらい返済は代金の受領時期に合わせてもらうこと

事例12
競合の激化で2期連続赤字のシステム開発会社から運転資金の申し出（売上金回収口座の指定により融資を実行）

取引先の中には、業況が順調な先もあれば不振に陥っている先もあります。一般的に業況が順調な先は、積極的に融資の提案ができますし、稟議も問題なく決裁してもらえます。ところが、業況が不振な先への融資は簡単にはいきません。なぜなら、「返済能力」が乏しいからです。

返済能力が乏しいということは、融資が焦げ付く可能性もあるわけですから、当然、稟議は簡単には通りません。信用保証協会の保証付融資で対応する、あるいは担保を取って保全を固めて融資を行うというのが、通例ではないでしょうか。

今回は、そのような通例に反して、2期連続して大幅な赤字の先に無担保で1億円の融資を実行した事例を紹介します。

他社との価格競争から赤字幅は数千万円規模に

私の担当先のL社は、監視カメラシステムの開発や機器の卸売をしている企業で、売上は

7億円程度でした。

L社のシステムは高品質で、官公庁など公的機関から高い評価を受けており、これまでは業況も比較的安定していました。ところが、私が担当したころから他社との競合が厳しくなり、より安価な他社のシステムに受注を奪われる事態が続きました。

L社としても、受注を失うことは避けたかったため、やむを得ず価格引下げで対抗した結果、採算割れが生じ、決算は大幅な赤字に転落しました。他社との価格競争はその後も続き、大幅な赤字に転落した翌期も、さらに赤字幅が拡大する状況に陥ってしまいました（**図表**）。

〈決算内容の推移〉　（単位：百万円）

	前々年	前年	当年
売上高	725	675	670
経常利益	8	−35	−39

L社の経営陣は、資金繰りには特に慎重な態勢をとっていたため、2期連続して大幅な赤字に転落したものの、すぐに資金繰りに支障を来すような状況ではありませんでした。しかし、事業環境の厳しさはまだまだ続くとの見方から、手許資金を積み増し、資金繰りに万全を期すために1億円の融資申込みを受けたのです。

2期連続の赤字で、かつ赤字幅は数千万円の規模でしたから、もちろん簡単に融資は検討できません。当行はL社の準メイン行でしたが、大赤字を前に「1億円の融資などとても無理だろう」というのが私の正直な気持ちでした。

また、L社は当行に融資の相談をする一方で、他行にも同様の申入れを行っていたのですが、どうやら断られていたようです。

信用保証協会の追加保証が受けられる見込みはなかったため、今回はプロパー融資で検討するしかありません。しかし、大幅赤字の状態ですから、無担保融資など取り上げられるはずもなく、かといって保全となる担保もない状況でした。そこで私はL社の社長に、今期の業績の見込みと今後の事業計画の説明を求めました。つまり、業況改善の可能性を探ったのです。

社長からは、価格競争は今後も続くことを前提に、既存の監視カメラシステムを他分野に応用して、新規の納入先を確保しようとしていること、すでに受注獲得営業を開始しており、複数の新規契約が見込めることについて説明がありました。

提示された社内資料からは、新規契約の実現性が相当高い状態であることも確認でき、このまま進めば業況の改善に一定の効果があると確信しました。

自行への被振込の集中を交渉し保全を図る

さて、次は保全をどう組み立てるかです。先に述べたように、L社に担保はありません。そこで、担保の代替手段として被振込を当行に集中してもらうことを考えました。つまり、売上金の回収をすべて当行の口座に指定してもらうわけです。

被振込が当行に集中すれば、一定の預金の滞留が期待できます。滞留している預金は、一時的にせよ広義の保全と捉えることができます。また、被振込金額や滞留している預金額の推移を見ることによって、業況改善のトレンドや資金繰り状況をリアルタイムに把握できます。

私は、L社の売上金の回収口座が当行に指定されているのかどうか調べてみました。すると、残念ながら、すべての被振込が当行に指定されているわけではないことが分かりました。

そこで、順次振込の指定口座を当行に代えてもらうよう要請しましたが、L社側は消極的です。「すべて当行に牛耳られてしまうのではないか」と危惧《きぐ》したからでしょう。しかし、この被振込の集中は、融資の組立てにおいて必須の事項でしたから、私も譲ることはできません。

業況改善と保全を条件に無担保融資を実行

L社の今後1年程度の資金繰り予想を検証すると、今回の融資だけでは不十分で、1年以内に再度一定の資金調達が必要であることが判明しました。社長にこのことを説明したところ、やはり同様の認識を持っていました。

何度か交渉を重ねる中で、L社の態度に少しずつ軟化の兆しが見えてきました。私は被振込の集中が、今回の融資のみならず1年以内に予想される再度の融資にも好材料になることを、丁寧に繰り返し説明しました。

その結果、順次振込指定を当行に集中することの了解を得たのです。被振込が当行に集中し、かつL社の資金繰りが計画どおりに推移すれば、今回の融資額1億円に匹敵する預金の滞留が見込めます。

これで、融資が検討できる環境が整いました。すなわち、①業況が改善トレンドにあること、②被振込が集中され広義の保全が確保できること、という2つの条件が揃ったのです。

稟議はスムーズには進みませんでしたが、最終的には無担保融資1億円の決裁を得ることができました。今後、L社の業績が順調に回復すれば、きっと今回の融資が大きな意味を持つことになるでしょう。

●融資判断のポイント●

・2期連続の大幅赤字のうえに融資の際に担保となるものがないこと
・新規の納入先を確保ができる可能性が高く業況の改善に一定の効果があること
・担保の代替手段として売上金の回収を当行の口座に指定してもらうこと
・被振込を集中させることで融資額1億円に匹敵する預金の滞留が見込めること

事例13

立替負担の増大で資金繰りに苦しむ看板設置工事会社から運転資金の申し出（売上入金を当行にシフトさせ融資を実行）

取引先のM社は、各種店舗の看板設置工事を行っている会社です。大手ゼネコンからも直接受注しており、事業基盤はしっかりしています。ただ、日ごろから資金繰りに苦しんでおり、社長からはしばしば追加融資を含めた相談を受けていました。

特に大規模な工事を請け負うと、工事代金回収までの資金の立替負担が増加しがちです。ここ数年、M社は大手ゼネコンの大口受注の獲得に注力していたこともあり、増大した立替負担が資金繰りを圧迫していたのです（**図表**）。

さらに、この立替負担をカバーするために借入金も比例して増加し、年間の返済額は5000万円を超えていました。

審査部から他行での調達を指示される

ある日、私に社長から「資金の調達方法について相談したい」と電話がかかってきました。そこで私はM社を訪問し社長と面談しました。

そのときのやりとりは次のとおりです。

「年間約5000万円の返済がありますが、今の損益状況では、返済額のほとんどを新たに借入れしないといけない状態です。他社さんではどのように資金を調達しているのですか？」

「年間の返済額相当を、新たな借入れで賄っているところは少なくありません。よくある調達方法としては、それぞれの金融機関の借入れシェアや、年間返済シェアに応じて行う借入れがあります」

〈決算内容の推移〉 (単位：百万円)

	前々年	前年	当年
売上高	756	801	820
経常利益	1	2	2
立替期間(月)	4.55	4.85	5.15

「そうですか。おかげさまで受注が増えつつありますが、一方で資金の立替えが増加しており、新たな借入れをしないととても返済ができません。この先、毎年返済のための借入れを考えないといけないかと思うと、ノイローゼになりそうです…」

その数日後、再び社長から電話がありました。「月末の支払いが不安なため、2000万円ほど融資を受けたい」との申し出です。

実は、私はこの連絡を恐れていました。

M社に対しては、半年ほど前に3000万円の融資をすでに実行しているのですが、その際、審査部からは、①当行は融資残高こそ最も多いが、売上の入金・出金の取引はほとんどなく、実質的には主力行とはいえないとの指摘があり、②次回の資金調達は、これら入出金取引が集中しているA銀行など、他行から調達するよう指導しておくように、という指示を受けていたのです。

この指示の内容は、私としても納得がいくものであり、社長にもその旨を伝えていました。併せて売上金の振込指定替えなどをお願いしていたのですが、いまだそれが実現していないのです。

ずさんな資金繰り管理で月末の資金が不足

私は、社長に月末の支払いが不足する理由を尋ねました。すると「月末に売上の入金があるが、実際いくら入金になるのかが分からない。そのため、万が一の備えとして、融資を受けておきたい」旨の答えでした。

そこで「売上の入金がいくらになるのか分からないとは、一体どういうことですか」と尋ねると、今度は「細かいものを含めて、100件ほどの工事が同時並行で進んでおり、一つひとつの工事の進捗がどの程度なのか把握しきれていない。担当者任せになっている」との事実を聞かされました。

要するに、M社の資金繰りは、いわゆる〝どんぶり勘定〟なのです。これでは危なくて、とても融資実行には耐えられないというのが正直な感想でした。

私は、ずさんな資金繰り管理などM社の問題点を社長に率直に伝えました。社長も資金繰りの管理をしっかりしなければいけないという認識は、日ごろから持っていたようです。しかし、具体的にどうやって管理すればよいのか、手探りの状態で悩んでいたのでした。

私は、当行からの追加融資は非常に厳しい状態にあり、売上の入金が集中しているA銀行に至急融資の相談をするよう、社長に伝えました。ところが、M社は日ごろからA銀行との接触がほとんどなく、社長からは「担当者の顔さえ知らない」という話を聞かされ、「頼りにできるのはお宅しかいない」とも言われました。

融資の可能性は低いと考えられたため、私もできるだけ頑張ってはみるものの、他行にも融資の相談をするよう社長に申し入れました。

売上入金の指定替えを条件に融資を実行

M社への追加融資には大きな壁がありました。主なものとしては、半年前に当行はすでに融資しており、資金繰りの支援は実施済みであること。また、融資以外の取引はほぼ皆無の状態であり、預金残高もほとんどなく、広義の保全も期待できないことです。さらに、資金繰り管理のずさんさも挙げられます。

私は、どうやって融資の稟議を組み立てればいいか、皆目見当がつきませんでした。しかし、現実問題として、M社は他行から融資が受けられる見込みはなく、仮に当行が融資を謝絶した場合、最悪、月末には資金繰りが破綻してしまうおそれがありました。

M社には不動産担保などしっかりとした保全が確保できない中で、私としては今後の売上入金をすべて当行に指定するよう約束してもらうしか、方策がありませんでした。

その後、社長にはほぼ連日来店してもらい、工事の進捗状況などを入念に確認しながら、月末に期待できる入金額の査定を二人三脚で行いました。その結果、どうしても500万円ほどの資金不足が発生してしまうという結論に至りました。

また、上席や支店長にも社長と会ってもらい、とにかく今後の売上入金は、すべて当行にシフトすることを約束してもらいました。社長とは、M社の経理部門を強化し、工事の進捗管理を含めた資金繰り管理の強化を図ることで、会社の体制を根本から改善していくことなども話し合いました。

その結果、審査部から厳しい質問をいくつも受けましたが、何とか500万円を工事代金の紐付き融資によって稟議を通すことに成功しました。

●融資判断のポイント●
・受注が増える一方で立替えが増加しているおり資金繰りがひっ迫していること
・融資残高は当行が最も多いにもかかわらず売上の入金・出金の取引はほとんどないこと
・当行が融資を謝絶した場合は月末に資金繰りが破綻するおそれがあること
・今後の売上入金についてはすべて当行にシフトさせること

事例14
駐車場事業を営む主力先から設備資金の申し出
（預金取引のリアルな情報で融資を実行）

当行のメイン先にN社という駐車場事業を展開している会社があります。当行は駐車場用地の設備投資を中心に、相応の融資を行っています。N社を担当して3ヵ月程度しか経っていない時期に融資の相談がありました。

既存の駐車場の改修費用として1000万円の希望でした。担当してまだ日が浅い私は、N社のことがよく分からないまま、数日後、詳しくヒアリングするために同社を訪問し社長と面談しました。

融資取引のない他行に預金を滞留させている

「早速に融資のご相談をいただきまして、ありがとうございます。検討のための資料として、試算表と金融機関別の預金と借入れの残高を教えていただけますか？」

「分かりました。今持ってきますから少しお待ちください」

数分後、社長は試算表と金融機関別の預金・借入残高表を持ってきました。試算表を見る限り業績に大きな変化はありません。しかし、金融機関別の預金・借入残高表を見ると、

〈売上高と預金額の推移〉　（単位：百万円）

	前々年	前年	当年
売上高	355	366	368
当行預金額	1	1	1
他行預金額	45	42	44

借入れがないM銀行に多額の預金が積まれていました（**図表**）。

そこで、この点について具体的に聞いてみることにしました。

「M銀行さんからの借入れはないようですが、なぜ御社の預金の多くが同行に集中しているのですか？」

「それは当社の売上金のほとんどが、M銀行さんに振り込まれるからです。これは昔から変わりません」

「そうですか。Ｍ銀行さんから融資の勧誘などはないのですか？」

「特にないですね」

「借入れのない銀行にこれだけの預金を置いておくのは、もったいないですね」

「『もったいない』とはどういうことですか？」

「Ｍ銀行さんの預金が当行にあったなら、今回に限らず融資の検討が非常にやりやすくなるからです」

「それはなぜですか？」

「私たちは、預金があると安心できるからです。このくらいの預金残高があるなら、この程度の融資は大丈夫だろうとか、預金残高の推移で御社の状況が客観的に分かるからです。別に預金を担保にいただくとか、そういうことではありません」

「だとすると、Ｍ銀行さんから融資の提案がないのは不思議ですね」

「私も、提案があっても不思議ではないとは思いますが、他行さんのことはよく分かりません。表現はよくないですが、借入れのない銀行にある預金は私は〝死に金〟だと思います」

「死に金？」

「そうです。その預金が借入れしている銀行にあれば、追加の融資が期待できます。つまり預金が有効活用できるのです。一方で、借入れのない銀行にいくら預金を置いておいても、融資にはつながりません。こういう意味で死に金だと言ったのです」

借入れのない銀行に、多くの預金を置いている取引先は少なくありません。借入れのある銀行に置いておくことに、抵抗感があるからでしょう。

しかし、これは賢い付き合い方ではありません。借入れはあるけど預金は別の金融機関というのなら、その金融機関から借入れすればいいのでは、と思うからです。また、融資可否の判断においても、預金取引がないと実態を把握することができません。

実態を知ることができれば、取引先への安心感が増加します。そうなれば、この程度の融資は預金取引に照らせば大丈夫との判断ができるようになるのです。逆に、預金取引がないと積極的な融資判断に躊躇《ちゅうちょ》してしまうこともあるのです。

預金取引を当行に移してもらうことを約束

「社長。すぐでなくてもよいので、M銀行さんの預金を当行に移していただけませんか？　そうすれば、今回の融資はお役に立てると思いますし、今後の取引についてもスムーズな判断が可能になります」

「うちは構いませんよ。M銀行さんに預けているのに特別な理由はないので、どこに預けても同じです。でもすぐには無理です。売上を振り込んでくれる先に案内する必要がありますから」

「ありがとうございます。では、徐々にで結構ですから預金取引を移してください」

「分かりました。準備を進めます」

　私は預金取引を移してもらうことに期待して、今回のN社の融資を実行しました。このように、預金取引を移してもらえると非常に融資がしやすくなるのですが、一方で移してもらえない取引先もあります。例えばこのような感じです。

「御社にはいつも多くの借入れをしていただき、ありがとうございます。ご融資の残高では主力行の位置付けになりました。御社との取引も今年で10年になります。これを機会に、ご預金の取引もぜひ当行でお願いします」

「それは嫌だな。そもそも預金をどこに置こうがうちの勝手でしょ。お宅に預金を置いておけば、いつ何時差し押さえられるかもしれないし」

「そんなことはありません。もちろん融資のご返済が滞るなど異例の事態になれば、社長がおっしゃるようなこともあり得ます。しかし、何の理由もなく私どもが勝手に御社の預金を差し押さえることなどありません」

「そうかな…。でもお宅に預金を移すのはやっぱり嫌だな。そもそも取引を始めたときに、そんな話は一切なかったし」

「お取引を始めたときはそうかもしれませんが、お取引が10年を過ぎた先日もご案内しましたが、融資残高はお取引銀行の中でトップになりました。お取引が発展してきましたので、ぜひ預金取引もお願いできませんか。御社との取引を拡大したいのです」

「考えておくけど期待しないでね」

決算内容よりも預金取引に基づく判断の方が正確

このような取引先は結構あると思います。融資取引のみを追求して、預金など経常取引には注力しなかった時代が過去にあったからです。しかし、時代は変わり今は融資取引のみではその取引先との取引進展には限界があります。

言葉は悪いですが、借入れはするが預金は隠すといった取引先には、お互い十分な信頼関係を築くことができません。突っ込んだ取引はできず、融資取引も信用保証協会の保証付融資の範囲内といった判断になってしまうのです。

最初の例のN社のように、今後預金取引が実現すれば、単に決算内容の良し悪しだけではないところで、融資の可否判断が可能となってきます。むしろ過去の数字である決算内容に基づく判断よりも、預金取引のリアルな情報に基づく判断の方がより正確だとも言えます。

預金取引が見えれば、決算が仮に赤字であっても融資実行の判断が可能となってきます。その際、決算が赤字だということで取引先は融資が受けられるかどうか非常に不安になっているはずです。

預金取引のない他の金融機関は融資を断る可能性も十分にあります。そのような状況において融資を応諾すれば、取引先からの信頼度がますます高まることも期待できるのです。

●融資判断のポイント●

・メイン先にもかかわらず借入れのない他行に多額の預金が積まれていること
・預金取引があることで企業の実態を把握することができ安心感につながること
・過去の数字である決算内容より預金取引に基づく判断の方がより正確なこと
・融資取引しかない取引先との取引進展には限界があること

III 保証付融資の活用によるケース

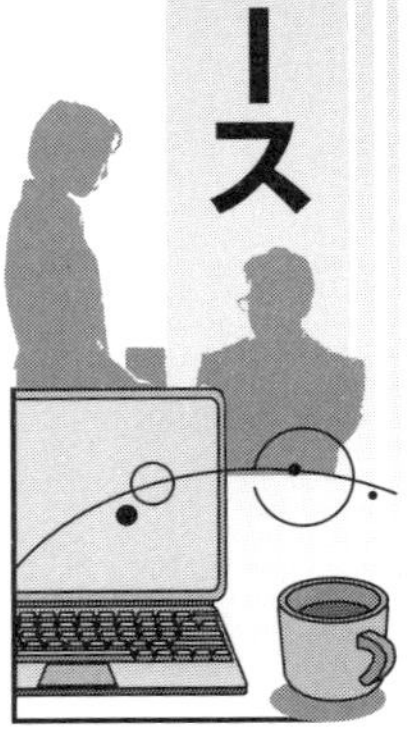

事例15
ネジ製造会社から前年実績を大きく上回る賞与資金の申し出
（メイン先でないため保証付融資で対応）

取引先のO社は金属製ネジの製造会社で、全国の機械メーカーに製品を納入しています。社長や経理担当の夫人は真面目な人柄で、私の今までの経験から安心して取引のできる人物と認識していました。

O社に対しては、年2回、賞与資金の融資を定例的に実施しています。そして、今回も夏の賞与資金の申込みがあり、私はいつものこととして、「分かりました。準備ができたら連絡します」と安易に対応していました。

申込金額が過大な理由をヒアリングする

私は早速稟議の準備を始めました。企業が従業員に支給する賞与の総額は、基本的に毎回大きな変動はありません（**図表**）。そのため、賞与資金の融資額も毎回ほぼ同額であることが大半です。

稟議に着手するにあたり、過去の賞与資金の融資額を確認したところ、直近3回は1000万円と同じ金額でした。ところが、今回申込みがあったのは3000万円。今までの実績を大きく上回る金額です。

なぜ今回は例年を大きく上回っているのか？　この点を曖昧にしたままでは、稟議は書けません。O社にその理由をしっかりヒアリングする必要があります。

賞与資金は、支給対象の従業員数に一人あたりの平均支給額を乗じることで求められます。したがって、賞与資金が増減する場合には、従業員数あるいは平均支給額の増減を把握する必要があります。

ただ今回のO社からの申込金額は例年の3倍の金額です。

〈賞与支給額の推移〉　（単位：千円）

	前々年／冬	前年／夏	当年／冬
総支給額	12,540	12,100	11,340
従業員（人）	57	55	54
1人あたり平均支給額	220	220	210

私は単純に従業員数の増加、平均支給額の増加では説明がつかない事情を感じました。

実際、経理担当の社長夫人に、支給対象の従業員数や平均支給額を尋ねましたが、答えは「ほとんど変わらない」というもの。これでは、到底金額が増加した理由にはなりません。

賞与資金とは別の資金使途を突き止める

申込金額の妥当性が見いだせない場合、賞与資金に他の資金使途が混在していることが考えられます。賞与資金とは、簡単にいえば賞与の支給が要因で、企業の資金繰りが悪化するために行う融資です。

私は日ごろから融資の相談を受けた際、運転資金や賞与資金、納税資金、設備資金などその名前に惑わされず、「なぜ資金が必要なのか」を必ず確認しています。資金要因の確認は融資業務において最も大切なことだからです。

今回、例年の支給額を上回る申込みがされたということは、「賞与の支給」という資金要因のほかに、別の要因が含まれていることも考えられます。それが何かを突き止めることが大切なのです。

私は、社長夫人に過去の賞与資金の融資額を示しながら、賞与支給に加えて、他の要因がないかを率直に尋ねました。そして、夫人から「ある販売先からの入金が遅れているため」という答えを引き出しました。

O社の取引先の多くは零細企業です。ある取引先からの回収が遅れ気味だったため、O社の資金繰りにも影響が出て、賞与資金という名目の下に回収遅れによる資金不足を混在させたのです。

賞与資金の中に他の使途の資金が混在している状態では、稟議を書くことはできません。金額の妥当性を稟議の中で説明することができないからです。このような場合、賞与資金は賞与支給額の範囲内で検討し、他の使途については切り離して考える必要があります。

私は、社長夫人に取引先からの回収遅れの解消時期を尋ねました。しかし、夫人も時期を明確に答えられず、最悪、回収不能の事態も想定されます。いずれにしろ、長期にわたりO社の資金繰りに影響を与える可能性があることは事実です。

それでは返済能力に懸念が生じるため、金融機関としては回収遅延が要因の融資には消極的になるでしょう。

資金繰り安定のための融資を別途実行

では、回収遅延を要因とする融資をどのように組み立てるか…日ごろから私は、社長や社長夫人の生真面目な人柄を熟知していたため、何とか融資ができないかと考えました。

当行はO社のメインバンクではありません。ですから、稟議書を書いても上席から「当行の役割ではない。メインバンクに相談に行くように伝えること」などと言われかねません。

O社の業績はまずまずですが、決して好調とはいえません。しかし中小企業の経営は、経営者の資質に大きく依存する面があります。この点、私は問題はないと感じていました。

また、O社の取引先は零細企業が多いのですが、かなり小口分散しており、特定の先に依存しているわけではありません。したがって、今回の回収遅延による資金繰りのマイナスが、今後拡大する状況とはいえないのです。

私は、上席に回収遅延の影響は限定的であると説明するとともに、経営者の資質を理解してもらうため、社長との面談をセットしました。私がどれだけ資質に問題はないといっても、「百聞は一見に如《し》かず」です。実際に面談し、上席に納得してもらうことが得策と考えたわけです。

面談の結果、上席の評価も良く、賞与資金とは別に回収遅延に伴う資金繰り安定のための融資を実行することになりました。資金繰りの安定には、なるべく返済負担の少ない長期融資が適しています。一方で、回収遅延に起因する融資ですから、当行としてはできれば保全がほしいところです。

その結果、資金繰り安定のための融資は信用保証協会の保証付融資で対応することになりました。

●融資判断のポイント●

・賞与資金の融資に回収遅れで不足する資金を含めて申込みをされたこと
・取引先の小口分散化により回収遅延の影響は限定的と思われること
・経営者は真面目な人柄で今後の経営の支障にはならないと思われること
・資金繰り安定のための融資は切り離して信用保証協会の保証付融資で対応すること

事例16　過剰在庫を抱える不動産業者から分譲案件の取得資金の申し出
（変事抵抗力が脆弱のため保証付融資で対応）

取引先のP社は設立10年目の不動産業者です。創業以来、不動産の仲介業務や管理業務を中心に業績を拡大してきましたが、２年ほど前から自ら不動産開発も手掛けるようになり、戸建住宅の分譲業務を拡大しています。

分譲業務は、仲介業務や管理業務とは比較にならないほどの、一度に大きな売上や利益が期待できます。しかしその反面、分譲が長期化したり売れ残りが発生すると、投資額が大きいだ

〈不動産在庫の推移〉（単位：百万円）

	前々年	前年	当年
売上高	202	245	320
販売用不動産在庫	89	110	240

けに、企業の業績に深刻な影響をもたらす危険性も併せ持っています。

したがって、分譲案件の融資妥当性を判断する際には、企業の体力に比べて投資が過大になっていないか検証することが重要です。

在庫一覧の提出を求め売上対比で水準を確認

Ｐ社の社長は40代とまだ若く、仲介業務等で得たノウハウに自信を持ち、積極的に分譲業務を手掛けています。当行は主力行の立場であり、過去に融資の相談を数回受けていましたが、利率など条件面が折り合わず、他の取引行で資金調達を行ってきました。

そして今回、Ｐ社より再び分譲案件の融資申込みを受けました。そこで私は、当該案件の資料と現在の分譲案件の在庫一覧の提出を社長に求めました。

数日後、取り受けた在庫一覧を見ると、複数の分譲案件を手掛けており、幸い長期化している案件はないものの、Ｐ社の規模対比では過大な水準でした（**図表**）。

今回申込みを受けた分譲案件の取得費用は総額約９０００万円で、この案件を加えると、在庫水準はP社の前期決算の売上を超える水準となります。これは明らかな過大投資です。そのため、私は今回の案件は中止するよう具申しました。

しかし、日ごろから積極的な社長は、私の意見に耳を傾けるどころか、いずれの分譲案件もほぼ計画通りに進んでおり売却の見込みに問題はないこと、また、今回の案件も良好な住宅地であり、短期間で売却できることなどを繰り返し説明するのです。

確かに今回の案件は立地的には良好な範囲内と考えられ、現地調査を行った際も近隣は同様の分譲住宅が多く存在することから、住宅地としては問題ないことを確認しました。また、担保評価額についてもP社の融資希望額を上回るものでした。

過大投資である事実は否めないものの、次の観点から稟議書の作成に着手しました。

・当該案件については早期売却の見込みがあること
・過去の分譲案件はいずれも半年程度で完売の実績があること
・主力行として融資支援をしたいこと

過剰な在庫水準を理由に本部稟議は否決

しかしながら、本部稟議の結果は否決。理由は、やはり過剰な在庫水準にありました。売却が長期化したり万一計画が途中で頓挫《とんざ》した場合、P社の経営に大きな影響が発生するという懸念です。

分譲案件は投資額が多額なことに加え、その投資資金は売却するまでの間、固定化することになります。売れ残りが出た場合、経営に大きな影響を与えることが怖いところです。

本部稟議否決の結果を受け、私は社長にその旨を伝えるとともに、やはり過大投資であり、少なくとも現在手掛けている分譲案件の売却が終了してから、次の案件に着手するよう説得を試みました。

しかしながら、相変わらず社長は積極的で、今回の案件のほかに現在手掛けている分譲案件についても、売却可能性が高いことなどを繰り返しました。しまいには、「何のための主力行なのか」と叱責される始末です。

今回の案件を、プロパー融資で再検討するためには、現在手掛けている分譲案件が計画通り販売できない事態になっても、P社の経営に与える影響は軽微であることを、十分主張できる理由が必要です。

しかしながら、P社の自己資金に十分な余裕はないうえ資産も乏しく、資金調達余力も見込めません。

さらに、経営者やその一族の資産背景も乏しいという状況です。これらのことから、P社の変事抵抗力は脆弱《ぜいじゃく》と考えざるを得ません。

信用保証協会の保証付融資により支援を実行

プロパー融資が困難となれば、あとは信用保証協会の保証付融資で検討することが次善策となります。私は保証協会に直接出向き、Ｐ社の経営状況や分譲案件の内容を詳細に説明し、保証の可否について相談しました。

幸いにもＰ社の信用保証協会の保証利用残はそれほど多くなく、保証枠に余裕がある状態だったことから、前向きな回答を得ることができました。

私は、社長に信用保証協会との事前相談の内容を伝え、保証付融資で今回の分譲案件を支援したい旨を説明し、了解を得ることとなりました。数日後、信用保証協会宛の申込手続きを行った結果、無事保証決定の運びとなり、融資実行ができたのです。

今回の案件は、幸いにも信用保証協会の保証が得られたことから、Ｐ社に一定の満足を与えられる結果となりました。しかし、Ｐ社が過剰な在庫を抱えている状況に変わりはありませんし、それが経営に与える影響も否定できません。また社長の性格からすると、今後も積極的な投資を行うのではないかという懸念があります。

しかし、常に計画通りに事が進むとは限らず、そうしたときにＰ社の経営に与える影響が軽微となるよう、体力を蓄える必要性を丁寧に繰り返し説明し続けることが、主力行の担当者としての役割といえるでしょう。

●融資判断のポイント●

・過大な投資ではあるが当該案件は立地的には良好で早期売却の見込みがあること
・売却の長期化や万一計画が途中で頓挫した場合は経営に大きな影響を与えること
・自己資金に十分な余裕はないうえ資産も乏しく資金調達余力も見込めないこと
・信用保証協会の保証枠に余裕があることで保証付融資の了解が得られたこと

事例17
信用保証協会の枠に余裕がない内装工事会社から増加運転資金の申し出（信用保証協会の協調でプロパー融資を実行）

中小企業宛の金融機関の融資は、大きく信用保証協会の保証付融資とプロパー融資に分けることができます。信用保証協会も無担保保証は原則として８０００万円以内という限度があります。

そしてプロパー融資についても取引先の規模や財務内容から自ずと限度があります。それぞれの限度を超えて保証する、あるいは融資を行うことには高いハードルがあります。

無担保でこれ以上のプロパー融資は困難

私の担当先にQ社という飲食店の内装工事会社があります。工事代金回収までの立替資金需要に対応するため、信用保証協会の保証付融資とプロパー融資で資金繰りを支援していますが、信用保証協会の利用残高はすでに8000万円（無担保扱い）を超えており、これ以上、信用保証協会の無担保保証を得ることは困難な状況にあります。

そしてプロパー融資についても、無担保扱いはすでに5000万円支援しており、これ以上は担保がないと難しい状況です（**図表**）。

そのような状態で、Q社から工事の受注増加に伴い3000万円の融資の相談がありました。会社・個人とも担保となるべき資産は保有していないため、自ずと無担保扱いでの検討が前提となります。

「3000万円の融資のご相談をいただきましたが、信用保証協会の保証付融資も相応に利用されており、追加の保証が得られる可能性はほとんどありません。また、プロパー融資についても無担保で5000万円を対応させていただいており、これ以上は担保がないと難しい状態

〈売上高と融資額の推移〉　(単位：百万円)

	前々年	前年	当年
売上高	390	385	425
プロパー融資残	50	48	50
保証付融資利用残	78	85	84

です」

「担保といわれても、会社も私も担保となるようなものは持ち合わせていません。ただ、今回の工事は今まで取引のなかった大手企業からの直接受注です。これは当社にとって大きなチャンスなのです。この工事を無事に完成させれば、今後この大手企業からの仕事がもらえる可能性が出てきます。そして、下請けではなく直接受注ですから、利益も相応に確保できるのです。何とか資金を用立てていただけませんか？」

「お気持ちはよく分かるのですが、その大手企業との工事請負契約書はお手許にありますか？」

「そう言われると思って持ってきました。これが原本です。必要ならコピーを取っていただいて結構です」

信用保証協会保証付融資とのセットで検討の余地あり

Q社の社長は熱意にあふれていました。

この大手企業の新規受注を、何としても成功させたいという強い思いが伝わってきました。

確かに社長の言うとおり、この新規受注工事が無事に完工となれば、今後も受注が期待でき、事業基盤の強化に寄与します。

そして、直接受注であれば当社の採算改善にもつながります。というのは、Q社の受注は下請け工事が多く、低採算を余儀なくされていたからです。その点、直接受注であれば下請け受注よりも採算の確保が期待できます。

私としてもQ社の担当として社長の熱意に押されつつ、何とか今回の３０００万円の融資を支援したいという強い思いでした。

私は、その日のうちに上席者とQ社の融資案件について協議しました。やはり３０００万円全額をプロパー融資で対応することは、リスクが高すぎて無理という結論になりました。

しかしながら信用保証協会との折半なら、つまり信用保証協会の保証付融資１５００万円、プロパー融資１５００万円の組み立てであれば、検討できるとの結論に至りました。

こうなると、信用保証協会を説得するしかありません。私は翌日、信用保証協会を訪問し、今回の融資案件について相談しました。大手企業からの新規受注であること、これが無事に終われば今後も継続的に受注が期待でき、同社の事業基盤の強化につながることを説明しつつ、昨日取り受けた契約書の写しを信用保証協会に提示しました。

信用保証協会とのやり取りは次のようなものです。

保証付融資も回収必須の条件で前向きに検討

「案件の趣旨は理解できるのですが、うちはすでに無担保で8000万円の保証を行っています。十分な支援はすでにやらせていただいているという認識です」

「信用保証協会さんの利用残は把握しています。ですから、私も簡単にはいかないことは理解しています。行内でプロパー融資を検討しましたが、全額を対応するのは困難な状況です。しかしながら、今回の工事案件は、同社の事業基盤の強化に資する案件であることは確かです。そこでご相談なのですが、プロパー融資で半分の1500万円を融資しますので、信用保証協会さんも半分の1500万円の追加保証をご検討いただけないでしょうか？」

「どうしてもですか。工事代金は御行の口座に入金になりますか？」

「こちらで融資を行うなら、工事代金を当行の口座に振り込んでもらいます。それを条件としてQ社には依頼します」

「では、確実に代金回収は御行で管理いただけるということですね。それではこの工事代金の回収時に、プロパー融資だけではなく保証付融資についても回収必須としていただくことで保証を検討します」

「そうですか。ありがとうございます」

社長の熱意が信用保証協会にも通じたのかどうかは分かりませんが、今回の新規工事案件の意義を認識してもらい、短期間の扱いではありますが、追加保証を検討してもらうことになりました。

私はすぐに社長に連絡し、工事代金の回収口座を当行に指定いただくこと、そして工事代金が入金になり次第、返済してもらうことを条件に、融資を前向きに検討することを伝えました。その後、信用保証協会への手続きと並行してプロパー融資の稟議手続きを行いました。

そしてそれから2週間後、無事合計3000万円の融資を実行することができました。

協調することで互いにリスクを抑制できる

今回の融資判断のポイントは、信用保証協会との協調という一点にあります。

無担保扱いのプロパー融資は、金融機関の融資のなかで最もリスクが高いものです。そのため、私たちはいかにリスクを最小限に抑えることができるかに頭を悩ませているわけです。この点で融資額の半分を信用保証協会の保証付融資で対応できれば、それだけリスクを抑えることが可能になります。

取引先の支援をしながらもリスクをすべてを背負うことは避けたいという判断において、信用保証協会の保証付融資との協調によりリスクを抑制できるという点が、プロパー融資の可否判断のポイントとなったのです。

また、信用保証協会側としても取引金融機関がプロパー融資を同時に行うのなら、保証付融資の分についても金融機関が管理してくれるということに期待できます。信用保証協会としても金融機関のプロパー融資との協調であれば､追加保証が検討しやすくなる側面があるのです。

無理かなと思える案件でも、信用保証協会の保証付融資とプロパー融資とのセットで道が開ける可能性があるのです。

●融資判断のポイント●

・信用保証協会の保証残高は8000万円を超えており追加保証を得ることは難しいこと
・プロパー融資も担保がなければ現在の残高を超えて扱うことは難しいこと
・新規受注工事が完工となれば今後も受注が期待でき事業基盤が強化されること
・融資額の半分を信用保証協会の保証付融資で対応できればリスクを抑えられること

Ⅳ 信用力の高いケース

事例18 おにぎり屋から仕入れ資金名目の赤字補てん資金の申し出
（誠実な人柄と返済意思の強さから融資を実行）

先日、取引先の女性（Rさん）が融資の相談に来店しました。Rさんは個人でおにぎり屋を営んでおり、当行が3年前に店舗の改装資金を融資した先です。今回は、おにぎりに使用する食材の仕入資金として100万円の融資を希望しています。

私はRさんと面識がなかったので、まずは詳しく商売の内容を聞いてみると、基本は店頭でのおにぎりの小売りで、近隣の学校や企業などの行事の際に仕出し弁当も販売しているとのことでした。

赤字続きながら特徴のある商品を販売

Rさんの話を聞きながら、私は「現金商売だから運転資金は不要。仕入資金を希望しているが、おそらくこれは赤字の補てんだな…融資はちょっと難しいかもしれないぞ」と考えていました。とりあえずその日は話を聞き、以前取り受けた確定申告書を見たところ、やはりここ3年は赤字の状態でした（**図表**）。

〈確定申告書の推移〉　（単位：千円）

	前々年	前年	当年
売上高	21420	20125	20332
所得金額	▲1353	▲2574	▲2033

数日後、私はRさんに連絡することなく店舗の確認に出掛けました。立地はお世辞にも好条件とはいえません。駅から遠いうえ人通りはほとんどなく、住宅地の中にぽつんとあるのです。「こんな場所で本当に売れるのか…」と不安が頭をよぎりました。

私は通りすがりの客のふりをして、店内を観察しました。第一印象は「とにかく高い！」の一言。コンビニなどで、おにぎりは1個100円程度で売られていますが、この店ではほとんどが300円以上。中には1個700円というものもあるのです。

これでは売れないという印象を受けた一方で、他店の商品と差別化することが狙いなのかとも思いました。

そのまま帰るのもためらわれたので、思い切って1個700円のおにぎりを買って食べてみると、これが「実にうまい！」。この味が、Rさんのおにぎり屋の特徴なのかと思い、私は上手に組み立てれば融資は可能かもしれないと思いました。

業績回復の見通しがつかず厳しい返済可能性

数日後、Rさんに来店を依頼した際、私はこっそり店に行ったことを話し、商品の値段が高いことから、どんなコンセプトで商売をしているのか詳しく聞いてみました。私としては、商売の特徴を聞き出し、それをこのおにぎり屋の強みとして融資の稟議で主張できないかと考えたわけです。

Rさんからは、コンビニなど集客力のある店と同じような商品を販売しても、とても勝ち目がないこと、とにかく食材にこだわった商品を前面に打ち出していること、口コミにより店の評判は良好で、地元のタウン誌にも取り上げられたことなどをヒアリングしました。

また、今回の仕入資金は、めったに手に入らないカナダ産のサーモンの輸入資金に充てるつもりということで、その商品作りについて熱心な説明を受けました。

Rさんとの面談や店の現地確認により、ほぼ商売の特徴は把握しました。あとは返済可能性についての詰めが必要です。どれだけおにぎりが美味しくても、融資が返済できるということにはならないからです。

返済可能性は、過去の業績の推移や今後の見通しの判断が基礎となります。この点においては、Rさんのおにぎり屋は赤字の状態が続いていますから、過去の業績からは返済可能性を見いだすことはできません。

また、どれだけ口コミで評判が良くても、今後大きく売上が拡大し業績が改善する見通しを具体的に裏付けることはできません。つまりRさんの場合、返済可能性を高める材料がないわけです。

強い責任感と返済意思を決め手に融資を実行

しかし面談を重ねる中で、私はRさんの責任感の強さを感じていました。特に融資の返済に対しては強い意思が伝わってきたのです。

Rさんの「私生活にお金のゆとりはありません。食材の仕入代金を払い、パートさんへ給料を払い、銀行さんへ返済を済ませて、手許に残ったお金の範囲内で生活をしています。人様に迷惑をかけるようなことになれば、私はこの商売をやめます。今の仕事にはすごく充実感を感じています。いつまでもこの仕事を続けていきたいので、人様に迷惑をかけられないのです」

といった言葉が、私の記憶に強く残っていました。

私はRさんの人柄を信用し、「この人の返済意思は本物だな。万が一返済が苦しくなっても、決して逃げるようなことはしないだろう」と思いました。

そして、現在までの融資の返済状況を確認すると、一度も延滞はありませんでした。また見落としていたのですが、Rさんは他の支店で住宅ローンも借りていました。

住宅ローンの申込みは10年以上も前のことですが、これまで延滞は一度もありません。つまり、Rさんの返済意思の強さは言葉だけではなく、過去の実績からも十分に裏付けることができたのです。

私は稟議書において、次の3点を柱に据えることにしました。

①商売に明確なコンセプトを持っていること

②今後、売上が大きく伸びることは難しいかもしれないが、一定の顧客を確保しており大きく業績が悪化する懸念は少ないこと

③Rさんは真面目な人柄で返済意思が明確であること

このうち人柄の点は、私だけの印象と捉えられないように上司にも引き合わせ、「Rさんは誠実な人柄」との印象を持ってもらうことに成功しました。

その結果、Rさんの希望日には間に合いませんでしたが、数日後に希望どおり100万円の

融資が実行されたのです。

●融資判断のポイント●
・過去3年間は赤字で過去の業績からは返済の可能性を見いだすことはできないこと
・他店との差別化から食材にこだわった商品を前面に打ち出していること
・店の評判は良好で一定の顧客を確保しており業績悪化の懸念は少ないこと
・Rさんは責任感が強く真面目な人柄で住宅ローンは一度も延滞したことがないこと

事例19
積極的な店舗展開を行う整骨院から後ろ向き資金の申し出
（社長の資質からプロパー融資を実行）

取引先のS社は東京都内に10店舗の整骨院を経営しています。現在の社長は創業者の長男で2代目です。年はまだ若いのですが、大変人づきあいが良く、金融機関に対しても丁寧に対応しています。

この2代目社長が会社を継いだとき、S社の店舗数は現在の半分の5店舗でした。その後、社長は積極的に新店舗を開設し、当行はメイン行として資金面で支援してきました。

積極的な店舗展開から借入金の返済額が増加

しかし最近、気にかかることがありました。積極的な店舗開設を行うあまり、借入金が増加しており、年間の返済額が4000万円ほどに膨らんでいたからです（**図表**）。

もっとも、返済が滞っているわけではないのですが、景気低迷の影響で周辺業界は業績悪化に苦しんでおり、当然、S社も同じ状況ではないかと懸念しました。

現に、当行の預金残高が少しずつ減少しています。業績好調なら預金残高は増加傾向を示すはずですが、減少傾向にあるということは、業績悪化が想定されるわけです。

S社の事業は景気の影響を受けやすく、景気が良いなら順調な業績が見込めますが、低迷している現在、経営は決して楽ではないでしょう。また、競合他社も多い業界といえます。

〈売上と借入状況の推移〉 （単位：百万円）

	3年前	前々年	前年	当年
売　上	462	485	510	495
総借入金	95	120	170	198
年間返済額	16	23	35	40

当行は、S社の積極的な店舗展開を資金面で支えてきたことで、融資額も相当に膨らんでおり、その点も気になる理由の一つでした。

そこで、私は次のような仮説を立てました。

・S社は年間返済額4000万円以上のキャッシュフローを生み出していない

・現状は預金を取り崩して対応しているものの早晩資金は底をつく

・そうなると延滞が発生し追加融資の検討は難しくなりリスケしか道はなくなる

私はこれらの仮説をもとに社長と面談し、現在の経営状況や最近の資金繰りについてヒアリングしました。

延滞やリスケとなる前に追加融資を検討

その結果、予想どおり経営状況が総じて良くないこと、返済負担が重いため、複数に分かれている融資をまとめて返済額を少なくしたいこと、当面の資金繰りを安定させるため、2000万円程度の融資を希望すること、について相談を受けました。

2代目社長の人柄の良さを買っていた私としては、延滞やリスケは何としても避けたいという思いがありました。そのため、延滞が始まる前に追加融資を行い、当面の資金繰りを維持したいという強い思いを抱くようになったのです。

しかし、簡単に稟議が通るわけではありません。S社に対する追加融資は、要するに「返済するための資金」を融資することになるわけです。すなわち、原則論からいえば「危ない融資」の部類に入るのです。

融資業務の大原則は「貸した金が返ってくるかどうか」ということです。この大原則に照らして、S社は最後まできちんと返済できるかどうか…これが稟議が通るか否かの分岐点といえます。

短期的に見れば、S社の返済能力は脆弱《ぜいじゃく》であり、最後まで回収できるかどうか確信は持てません。しかし、ここは長期的に見て、S社の総合的な返済能力に不安が少ないことを、稟議書で説明する必要があると私は考えました。

社長の資質や資産状況に注目し融資を実行

最初に私が確認したのは、社長が現在の状況に危機感を抱き、自助努力を検討しているかという点です。売上の減少を補うために、さらなる新規出店ばかりを計画しているなら、融資の稟議を起案しなかったでしょう。

その点、社長は私が期待したとおり、新規出店は当面中止し既存店舗の立て直しに注力していく考えを持っていました。また、不採算な店舗はどこなのかもきちんと把握していました。

つまり、経営者の資質に問題はないということです。

中小企業はイコール経営者といえ、経営者の資質が企業の生き残りに大きな影響を及ぼします。どれだけ立派な店舗があり多くの社員がいても、経営者の資質に問題があれば簡単に経営は行き詰ってしまうものです。

このため、何よりも現在の厳しい状況を踏まえて、社長が今後の経営についてどのように考えているのか、その資質を問うたのです。

次に私が確認したのは、S社および2代目社長と創業者の資産状況です。これはすなわち、万が一の場合に、最後まで回収できる保全が確保できるかどうかということです。

幸い2人とも一定の不動産を保有しており、ある程度の回収原資が見込まれること、さらにこの不動産を活用した調達余力が認められることが確認できました。

そして、最後に私が行ったのが上席を社長に紹介することです。私自身は、社長の資質に問題はないと考えていますが、担当者としてどうしても見方に偏りが生じかねません。その点を客観的に確認する意味で、上席との面談を設定しました。

社長の資質に問題がないことを上席に理解してもらえれば、稟議書がより書きやすくなる効果も期待してのことです。

このようにして稟議の骨格が固まり、その結果、S社に希望どおり2000万円の融資を実行しました。この資金で当面の資金繰りを安定させ、経営の立て直しに社長が注力していくことを期待しています。

●融資判断のポイント●

・積極的な店舗開設により借入金が増加し年間返済額が膨らんでいたこと
・延滞が発生したら追加融資の検討は難しくリスケ対応しか道はなくなること
・一定の不動産を保有していることで回収原資が見込まれること
・新規出店は当面中止し既存店舗の立て直しに注力していくこと

事例20
老朽化した商業ビルを買い付ける不動産投資会社から購入資金の申し出（営業手腕に確信を持ち融資を実行）

取引先のT社はもっぱら不動産に投資を行い、そこからの賃料収入などで収益を稼ぎ出している企業です。現在、首都圏近郊に15の物件を保有しており、すべてを商業ビルとして活用し、テナントなどから賃料収入を得ています。

当行とは決して親密ではありません。当行は不動産への投資資金を融資しておらず、数百万円ほどの運転資金が信用保証協会の保証付きであるだけです。担当者である私も、頻繁に社長と面談しているわけではなく、何となく担当している感じでした。

購入予定物件は老朽化の激しい商業ビル

ある日、T社の社長から「新しい決算書を持参したい」との連絡を受けました。決算書を取り受けた際、私は社長に「今度、不動産を購入する計画があったら、当行にも一度声をかけてください」と話しました。正直なところ、「積極的に融資を検討するから、ぜひ案件を持ってきてほしい」というよりは、単なる社交辞令的な気持ちから出た言葉でした（**図表**）。

その後、私はT社のことは忘れていたのですが、2、3ヵ月ほどたったとき、社長から「今度商業ビルを買おうと思っています。この前、お声をかけていただきましたので、よかったら融資を検討してみてください。資料は郵送しておきます」と、さりげなく電話がありました。

私は、自分が何気なく言った言葉をきっかけに融資の話をくれた社長のことが好きになり、今回の案件を本腰を入れて検討してみようと考えたのです。

社長から電話があった翌日、資料が到着しました。今回購入しようとしている不動産の資料も、きっちりと添付されています。私は早速、その不動産がある現地に足を運びました。

今回の物件は商業ビルなのですが、そのビルを見て私にはある疑問がわきました。「なぜ買うのだろう」と。ビルは駅から徒歩3分程度の場所で、人通りもあり立地条件は悪くありません。しかし、外見を見る限り老朽化が激しいのです。

3階建てのビルですが、1階にはそば屋、2階には何をしているのか分からない会社が入っていました。そして3階は入居者がいませんでした。

〈決算内容の推移〉 （単位：百万円）

	前々年	前年	当年
売上高	650	664	677
経常利益	9	10	10
総借入金	365	370	420

購入物件の賃料収入に疑問を残す

収益物件の購入資金を融資する場合、その返済原資は物件から得られる賃料などの収入が基本です。しかし今回の物件は、長期的に安定した賃料収入が得られるのかどうか非常に疑問であり、正直なところ、私は融資は無理かもしれないと思いました。

T社はすでに15の物件を保有しており、相当の賃料収入を得ています。したがって、私は「何もこんな古いビルを買うこともないのに」と思ったのです。この疑問を率直に社長にぶつけてみると、返ってきた答えは次のようなものでした。

「私は、あえて人が買わないような物件を買っているのかもしれません。しかし、多くの人が買わないということは、比較的安く手に入るということです。そして、手に入れた不動産の価値を高める努力をしています。例えば、人気のあるテナントを誘導することで、ビル全体の価値を高めるのです。ビルの価値が高まれば、入居しているテナントにも賃料アップの交渉が可能となり、さらに不動産への投資利回りを高めることができるのです」

私は社長の答えに、「こういう考え方もあるのか」と感心しました。そして、T社が保有している15の物件が、購入当初と比べて現状どうなっているのかを無性に知りたくなりました。この希望を伝えたところ、社長は「それぞれの物件について、購入当時の写真があるので参考にしますか?」と言ってくれました。私は写真を借り、休日に一棟一棟、自分の目で物件を確かめてみることにしました。

現地確認により社長の考えや手腕を理解

実際に現地に行くと驚くべきことが分かりました。現在のビルが写真と同じビルとは思えないのです。あるビルには洒落たレストランが入居しており、全体の雰囲気が当時の写真とはまったく異なっています。また別のビルでは、それぞれのフロアに異なった学習塾が入居しており、当時の写真の雰囲気とはまったく趣が異なっています。

私は、社長が言っていた「不動産の価値を高める」とはこういうことかと強く納得しました。15棟のビルの現地確認をしたことで、私はすっかり社長のファンになってしまいました。今回のビルも社長の手腕によって、今まで以上の賃料収入が得られるのではないかと期待が膨らみます。

さて、肝心の融資稟議です。単に「不動産購入案件」として稟議を起案しただけでは、上司から「あえてこんな古いビルを買う必要はないのではないか。年が経つにつれて投資利回りも低下し、予想しているような収益は得られなくなる」といった反応が返ってくるだけです。

私は、社長の考え方を上司に説明するとともに、自分の目で見た15棟のビルについて、一棟一棟状況を報告しました。さらに、支店の近くにあるT社所有のビルに上司を案内し、「不動産の価値を高める」という社長の手法を理解してもらったのです。

その結果、上司や支店長にも魅力を感じてもらい、「一度融資してみるか」という結論に至りました。

今回の融資のポイントは、取引先から提出された決算書や資料だけで判断するのではなく、自分の目で現地を確認したことにより、社長の考え方に対する「強い納得感」を私が得たことです。融資判断においては、可能な限り現地を自分の目で確認することが非常に大切なことなのです。

●融資判断のポイント●

・多くの人が買わない物件は比較的安く入手できるというメリットがあること
・人気のテナントを誘導することでビル全体の価値を高めることができること
・自分の目で現地を確認したことで不動産の価値を高める手法を納得できたこと
・T社所有のビルに上司を案内し社長の手法を直接確認してもらったこと

事例21 受注好調な塗装会社から無担保与信のピークを超える融資の申し出

（過去のピークを超える部分は短期一括返済で対応）

融資判断にあたっては、取引先の各種情報はもちろんのこと、取引先との取引経過も判断材料となります。特に参考値として使われるものに過去のピーク値、つまり同じ取引先にどのくらいどんな融資を最大いくらくらい行ったのかという数値があります。

具体的には、「今回の融資後の残高は過去のピークの範囲内であるからいいだろう」といった判断をします。逆に過去のピークを超える場合は、その根拠を詳しくかつ明確にして判断をすることが求められてきます。

持ち込まれた例年よりも多額の融資相談

過去に担当していたU社の事例を紹介します。U社はいわゆる塗装業で売上規模は10億円弱、30余年の業歴を有しています。銀行取引は当行の他に地元地銀の2行体制です（**図表**）。

〈売上高と融資額の推移〉　（単位：百万円）

	前々年	前年	当年
売　上　高	970	975	955
当行融資額	199	195	196
うちプロパー額	99	100	99

塗装工事の受注は、秋口から冬場にかけて集中する傾向があります。そして、工事代金の回収は工事完成後の春過ぎとなるので、秋口から春過ぎまで資金需要が旺盛になります。この資金需要を当行と他行で折半して支援してきました。

そんなU社から夏場に例年の融資の申し出がありました。使途は工事代金回収までのつなぎ資金です。今年は工事受注が好調とのことで、例年よりも少し要請額が増えていました。

私は資料を取り受けて融資稟議の作成に着手しました。例年と同じですからそれほど手をかけることもなく、翌日には上司に稟議書を回付しました。ところが、上司から融資額を少し減らしてほしいと指示がありました。

理由を聞くと、過去の融資取引状況から融資のボリュームが過去のピークを超えるとともに、いわゆる無担保扱いの金額も同様に超えてしまうということでした。融資のボリュームよりも、無担保扱いの金額がピークを超えることが重いとの指摘を受けました。

私はU社との融資取引の履歴を見てみました。その結果、過去に許容していた無担保与信は2年ほど前は1億円でしたが、今回、希望通りの金額・条件で実行すると、過去の無担保与信の許容額を3000万円ほど超えてしまうことが分かりました。

そこで同社に出向き、融資金額が増額となった理由を中心にヒアリングしました。

「先日ご相談いただいた融資ですが、現在行内で検討しております。今回の融資額は例年よりも大きいため、過去のお取引のピークを超えることがネックとなっています。そこで確認したいのですが、いつも当行と地銀さんの2行から融資を受けていますが、地銀さんにはいくら相談されましたか?」

「御行と同じ金額です。単純に必要資金を2つの銀行さんで折半したのです」

私の質問の趣旨は、地銀への融資相談額が例年よりも減少していないかを確認することです。つまり、何らかの事情で地銀さんの融資額が減ることで、その分を当行に上乗せしたのではないかと疑ったわけです。

もし地銀への融資相談額の減少分を当行に上乗せしているのなら、簡単には受け入れられないケースとなります。これは、例年2行で折半して支援してきたものの、地銀の姿勢が消極に転じたため、地銀への融資相談額を減らし当行に上乗せしたのなら、ネガティブな事柄として受入れが容易ではないからです。

幸い先方の回答は、必要資金総額を2行で折半したとのことで、ひとまず安心しました。

融資額増額となる詳細な根拠はないか

「分かりました。ところで先日、融資総額が増える理由として工事受注が増加していると伺いました。一定の資料はいただいていますが、その理由が詳しく分かる資料もご提出をお願いできませんか?」

「それはどんなものですか?」

「現在の工事受注一覧はいただきました。しかし決算書は減収減益の内容でした。そのため、融資額の増額にはいろいろな意見が出ています。これと同じ類の資料で昨年、一昨年の同時期の工事受注状況が分かるものはありませんか?」

私はU社の担当として、融資希望額に満額で対応したいと考えていました。しかし、前期決算が減収減益の状態で過去の無担保与信許容額のピークを超えるにはつらい状況でした。

そのため、融資希望金額が増えた理由をより詳しく、明確に稟議書上で訴えるために、比較可能な工事受注状況の把握資料を依頼したのです。例年よりも工事受注が増加したため融資希望金額が増えたことを、前向きな事象として捉えたかったのです。

「少しお時間をいただければ、整理してお渡しできます。数日待っていただけますか？」

「ありがとうございます。今の段階でお話することではありませんが、今回の融資額は昨年の金額まで減額をお願いすることになるかもしれません。それでも大丈夫ですか？」

「御行の判断で無理というなら仕方ありません。何とか繰り回せるように考えます。しかしできる限り先日の融資額までお願いします」

「もちろん最善の努力はします。もう一つあえてお伺いします。御社が資材置き場として利用されている不動産には、当行が根抵当権を設定しています。この不動産の評価額は根抵当権の額よりも高くなっています。そこで、根抵当権の極度額を増額することで、ご希望金額まで融資させていただくという案はいかがですか？」

無担保与信の過去のピークを超えないために、私は不動産担保の根抵当権を増額して、無担保与信を増加させないという可能性を探ったのです。

「そこまでは考えていません。根抵当権を増額しようとすれば余計な費用もかかりますから…」

「分かりました。それでは不動産担保は現行のままで、先日の融資希望額まで対応できるよう

に努力しますので、しばらくお時間をいただけたらと思います

過去のピークを超える融資には慎重な判断が必要

その後、U社から工事受注状況の推移が分かる資料を取り受けました。過去の推移から足許の工事受注額は増加しているので、それを根拠に融資の稟議を行いました。結果としては、同社の希望通り満額で対応できることになりました。

しかし、過去の無担保与信のピークを超える事実は、私が考えていた以上に重い要因でした。そのため、過去のピークを超える部分は短期一括返済の形態となりました。特定の工事代金のつなぎ資金としての位置づけとなり、その工事代金回収と同時に融資の一括返済を受けるということです。

この内容なら、一時的に過去の無担保与信のピークを超えるものの、短期間のうちにピーク内に収束するとの結論となりました。融資の可否判断にあたっては、取引先との過去の融資取引状況も調べておくことが必要です。

おおざっぱな言い方ですが、過去のピークの範囲内なら融資は検討しやすくなり、逆に過去のピークを超える場合は、融資の可否には慎重な判断が求められます。

●融資判断のポイント●

・融資相談額が増えたことで過去の無担保扱いのピークを超えてしまうこと
・他行の減少分を当行に上乗せしたのではなく必要資金総額を2行で折半したこと
・融資希望金額が増えた理由を工事受注状況の把握資料で説明できたこと
・一時的に過去の無担保与信のピークを超えるものの短期間のうちに収束すること

V 他行が積極対応のケース

事例22
一行取引に不安な広告企画会社に対する保証付融資の肩代わり提案
（政府系金融機関の紹介により肩代わりに成功）

当たり前のことですが、事業を行うにあたり資金はなくてはならないものです。どれだけ利益が出ていても資金不足に陥れば、その時点で事業はストップしてしまいます。黒字倒産という言葉はご存じだと思います。まさに利益は黒字でも資金が不足すれば倒産してしまうのです。これは大企業でも中小企業でも個人事業主でも同じです。

特に中小企業や個人事業主は信用力が脆弱なため、相対的に大企業のように容易な資金調達はできません。したがって、経営者の頭の中には常に資金繰りのことがあるといっても過言ではありません。特に以前、資金繰りで苦労したことのある社長はなおさらです。

多くの中小企業は、複数の金融機関と取引している場合がほとんどです。一つの金融機関に資金調達を依存するには、少なからず不安があるからですが、複数の金融機関と取引を行うことで、資金調達のパイプに保険をかけているとも言えます。

一行取引に対する社長の不安感を払拭できない

私が担当していた先にV社があります。同社は広告企画会社で現在の業績は順調です。しかし、10年ほど前に多額の赤字を計上し、そのときの取引金融機関は1行だけでした。そして多額の赤字計上により、取引金融機関から資金面の支援を十分に受けることができず、非常に苦労したという話を社長から聞いていました。その経験もあり、現在の取引金融機関は当行の他にもう1行ありました（**図表**）。

そういう状況で、私は営業として他行から借り入れている信用保証協会の保証付融資の肩代わりを提案しました。現在の利率よりもはるかに低い利率で肩代わりを計画したのです。

社長は私が提示した利率に十分魅力を感じているようでした。私は内心「これはいける」と思いました。ちょうどその月は、信用保証協会の保証付融資の増強が大きな課題として取り上げられており、信用保証協会の保証付融資を肩代わりできれば、課せられた目標のクリアに大きなインパクトとなるのです。

数日後には上司ともども訪問して、肩代わりを改めて提案しました。私としては社長からの同意を得て、すぐにでも手続きを進めたいと思っていましたが、社長の返事は「少し考えさせてください」というものでした。

今日で決めようと思っていたので少しがっかりしましたが、圧倒的とも言える低利率での提案でしたから、最終的に社長は同意してくれるものと確信していました。

数日後、私は社長に電話して回答を尋ねましたが、社長の返事は「もう少し考えさせてほしい」というものでした。そこで数日後、私はV社を訪問し社長と面談しました。

私は社長から「分かりました」という言葉を期待していましたが、「今回の提案は見送らせてほしい」という予想もしなかった答えが返ってきました。理由を聞くと、今後の資金調達に対して不安があるとのことでした。

つまり、他行の借入れを肩代わりすることで、借入取引のある金融機関は当行のみになってしまうのです。過去に資金調達に苦労した社長としては、取引金融機関が1行だけになることに不安を抱いていたのです。

〈借入状況の推移〉　(単位：百万円)

	前々年	前年	当年
当行融資額	10	25	30
他行融資額	65	63	60
政府系融資額	0	0	0

社長からは「借換えをすれば取引のある銀行さんは御行だけになってしまいます。銀行さんも商売ですから、いつも当社に融資してくれるとは限りません。他行との取引も残しておかないと不安なのです」という理由を聞かされました。

私は当行の中小企業に対する支援姿勢を説明しましたが、社長の考えを変えることはできませんでした。

政府系金融機関を当行から紹介

私は社長の答えに意気消沈しましたが、その考えも理解できました。確かにいつもV社の申し出通り、融資できるとは限りません。融資額が膨らんできたり業績が悪化してきたら、融資を行うにも限度があります。場合によっては融資要請に応えられない事態も考えられるのです。

数日後、私は再び社長と面談しました。信用保証協会の保証付融資の肩代わりは、どうしても実現したいという思いでしたから、どうやって社長の不安感を払拭することができるのかを話していました。話の中で、今の規模であれば取引金融機関は2つで十分、という社長の認識を把握することができました。

その後銀行に戻り、改めて同社の決算書を見て考えていたとき、上司がアドバイスをしてくれました。それは、政府系金融機関と取引がないなら、当行から紹介したらどうかというものでした。

Ｖ社の借入明細欄を見ると、当行と肩代わり対象の他行の２行のみで、政府系金融機関の記載はありませんでした。

私は翌日社長に電話して、政府系金融機関を紹介できること、政府系金融機関との借入取引が可能なら、他行の信用保証協会の保証付融資を当行で借り換えても、借入取引のある金融機関は当行１行にはならないということを説明しました。

その後、社長から政府系金融機関を紹介してほしい旨の要請を受けました。社長は口だけではなく、本当に当行が紹介してくれるのか、そして借入れが実際にできるのかを確認したかったのかもしれません。私はさっそく上司に相談し、紹介の手続きを進めました。

正式に政府系金融機関を紹介してから１ヵ月後、政府系金融機関からの融資実行が決まりました。これにより、Ｖ社は当行だけでなく、政府系金融機関からも資金調達のパイプが築けたのです。これが決め手となり、他行の信用保証協会の保証付融資を借り換えることに、社長の同意を得ることができました。

政府系との取引で互いに安心感を得る

冒頭にも書きましたが、中小企業や個人事業主は資金調達力が脆弱です。複数の銀行と取引するほど規模が大きくないとか、管理が面倒などの理由で、一つの金融機関しか取引をしない経営者も多くいます。

しかし、多くの経営者は資金繰りの怖さを知っているため、どれだけ業績が順調でも、イザというときの資金調達には不安を抱いているものです。ですから、融資のノルマを達成するために無理な借換えなどの提案は、逆効果になることがあるのです。

政府系金融機関と取引がない中小企業や個人事業主は少なくありません。政府系金融機関と取引できれば、経営者ばかりか私たちも一定の安心感を得ることができ、融資しやすくなるという側面があります。政府系金融機関が融資するなら当行も、という判断も十分にあり得るのです。

●融資判断のポイント●

・資金繰りの苦労した経験から一つの金融機関に資金調達を依存するには不安があること
・低利率でも無理な借換えなどの提案は逆効果になることがあること
・複数行との取引を希望しているが政府系金融機関との取引がなかったこと
・政府系金融機関から借入れできれば借入取引のある金融機関は当行1行にはならないこと

事例23　融資残高が減少する準メインのコンサルタント会社から折返し資金の申し出（準主力行の動向を見定めて融資を実行）

融資を行うか否かの判断においては、他行の動向も重要な判断材料となります。業績が順調で取引銀行からの借入金額が少ないなら、それほど気にする必要はないかもしれません。他行も積極的に融資営業をしていることが推測されるからです。

問題なのは、業績の良し悪しは別にして借入金額が大きく、取引銀行から相応の金額を借入れしている場合です。借入金額が大きくなると、自然と返済額も多くなります。

返済資金をすべて手許資金で賄うことができる会社は、それほど多くはありません。むしろ、多くの会社が返済による資金繰りの悪化を防ぐために、一定の借換資金を必要とします。

このような場合に1行だけで資金繰りを支えることは難しく、それぞれの取引銀行が借換資金等を融資し、複数で資金繰りを支える必要が出てきます。

準メインであるM銀行の融資残高が大幅に減少

私が担当していた取引先に、企業の人事関係のコンサルタントを手掛けているW社がありました。同社は上場企業の仕事も請け負っており、事業基盤は確立されていました。

ところが、コンサルタント料つまり同社の売上の回収は、コンサルタントが終了した時点での一括払いのため、売上回収期間が長期になるという傾向がありました。

例えばコンサルタント期間が1年なら、1年後にやっと売上が回収できるのです。その間、人件費をはじめ必要経費を立て替える必要があるため、当然所要運転資金が膨らんできます。そのため、銀行からの借入れが多く、複数の取引銀行から相応の支援を受けていました。

そしてW社から決算説明を受けたときに、今後1年分の返済額に匹敵する融資の申し出を受けました。いわゆる折返し資金の要請です。私は検討を約束し、新しい決算書の分析から融資の可否判断をスタートさせました。

業績はまずまずです。売上・利益とも前期比増収増益で、今後のコンサルタント契約の予定から、今期もほぼ前期並みの業績が維持できることが想定されました。ところが気になった点が一つありました。それは他行の融資残高の推移です。

W社は当行を含めて5つの金融機関から借入れをしていました。ほとんど借入金の残高に大きな変動はなく、金融機関は同社の要請に応じて折り返し資金に対応していることが想像できました。

ところが、2番目に融資残高の大きい準メインのM銀行の残高が、前期比で大きく減少しているのです。私は過去の決算書を引っ張り出し、ここ数年の融資残高の推移を確認しました。その結果、およそ2年前から減少していることが分かりました（**図表**）。

そこで、同社にM銀行からの借入状況について問い合わせたところ、同行には折返し資金を依頼しているものの、なかなか応じてもらえないという回答でした。それを補うために、当行を含めた他行からの借入金が少しずつ増加していたのです。

つまりW社は、M銀行からの融資が受けられないため、同行の返済資金に見合う部分を他行の融資依頼額に上乗せして調達し、返済金を埋め合わせていたのです。

〈売上高と融資額の推移〉　（単位：百万円）

	前々年	前年	当年
売上高	480	499	505
当行融資額	85	90	93
準メイン融資額	55	51	47

他行が融資に応じることが支援の条件

ここで問題となるのは、M銀行の今後の対応とともに他行の動きです。他行もM銀行がしばらく融資に応じていないことに気づくはずです。そうなると、他行もM銀行の対応を見守り、今までのように折返し資金の融資に応じない可能性が出てきます。そうなると、W社の資金繰りは窮地に陥ってしまいます。

私は上司に相談しましたが、やはり同じ考えでした。その後、関係者とも協議した結果、他行、特にM銀行の動きを見定めてから当行の融資の可否を判断するという結論に達しました。つまり、M銀行や他行が今期の折返し資金の融資に応じたことを見定めてから、当行も応じるということです。

これは、当行が折返し資金に応じても、M銀行をはじめ他行が融資に応じなければ、当社の資金繰りが回る可能性が少なくなり、当行の貸倒れが増えてしまう懸念があるからです。そのため、他行が融資に応じて調達が確認できた、つまりW社の資金繰りがひっ迫しないことが確認できたうえで融資に応じるということです。

私はこの結論を社長に伝えました。

「先日ご依頼の融資の件ですが、現在検討しております。ところで、M銀行さんからはしばらく借入れがないようですが、実際はどうなのですか?」

「他行さんからも同じことを指摘されています。M銀行さんには以前から繰り返し融資のお願いはしているのですが、なかなか良い返事がもらえません。こちらとしては融資に応じてもらえないと、他行さんも融資してくれないと訴えているのですが…」

「社長さんが言われたとおり、御社の主要取引銀行であるM銀行さんの動きは気になります。当行としては、M銀行さんが融資を実行することが融資の条件となります。ですから、何としてもM銀行さんから融資が受けられるよう交渉をお願いします」

「分かっています。御行をはじめ他行さんから融資をしていただかないと、返済ができなくなります。M銀行さんの対応には腹立たしく思っていますが、喧嘩しても仕方ないですから、ここはじっと我慢して交渉を進めていきます」

「ぜひそのようにお願いします。M銀行さんの反応については改めて教えてください。どうぞよろしくお願いします」

「分かりました。状況については逐次連絡いたします」

試算表と一緒に預金と借入金の残高表を取り受ける

結果として、M銀行は約2年ぶりにW社に折返し資金の融資を実行しました。M銀行が融資に応じたことで、当行をはじめ他行も融資でき、W社の資金繰りに支障が出る事態は回避できました。

決算期以降に融資の可否を判断する際、試算表を取り受けることは多いですが、その際は取引銀行の預金と借入金の残高表も取り受けるようにすべきです。

試算表で決算期以降の足許の業績を確認することはもちろんですが、他行の動向にも十分注意する必要があります。よく言われることですが、主力行や準メインなど残高の大きい銀行の残高推移は、十分に確認することが大切です。

借入依存の大きい取引先については特に注意が必要です。借入依存の大きい取引先は総じて資金繰りが不安定です。取引金融機関から定期的に融資を受けることが、資金繰り維持の前提となっているところも少なくありません。

このような取引先は、取引金融機関からの融資が途切れるとすぐに資金繰りが破綻してしまうおそれがあるので注意が必要です。

●融資判断のポイント●

・仕事の性質から売上回収期間が長期になるため所要運転資金が膨らむこと
・準メインの融資残高が2年前から大きく減少していること
・準メインの返済資金を他行の融資依頼額に上乗せして調達していたこと
・準メインが2年ぶりに折返し資金の融資に応じたこと

事例24
融資の可否判断に欠かせない取引先の実態を把握する方法
（貸借対照表の現預金と借入金の推移から実態を把握）

融資の可否判断に欠かせない項目に、取引先の実態把握があります。決算書の表面の数字だけでは把握できない実態を知ることで、真に正しい融資の可否判断が可能となります。実態把握の手法は、各種の実務書に切り口が紹介されています。預金口座の動き、売上回収条件の把握、所有不動産の時価評価などさまざまです。

そしてどの手法も意義があり正しいものです。ただ、あまりに多くの方法があるので、どれから手をつけたらよいのか戸惑ってしまう人も少なくありません。

ここでは、取引先の実態把握を行ううえで必ず最初にチェックする極めて簡単な方法を紹介します。この方法で取引の実態をほぼ予想できるのです。そして、その大半は合っているのです。それは取引先実態把握の最初の入り口、貸借対照表の現預金と借入金の2つの項目の推移を見ることです。

どんな商売でも最後は現金に行き着きます。その現金に直接に関わる、貸借対照表の現預金項目と借入金項目を見ることで、取引先の実態が大方手に取るように分かるのです。現金は嘘をつきません。

まず、5期程度の貸借対照表の現預金項目の数字の推移を見ます。そこで、現預金の数字が増加傾向なら大丈夫です。逆に減少していれば要注意となります。極めてざっくりとした見方ですが、これが意外に当たるのです。

貸借対照表の現預金の推移をチェックする

私が以前担当していた取引先のケースです。

取引先は損益計算書を見る限り、毎期売上が増加し利益も伸びています。利益が順調に伸びているということは、その取引先は儲かっているということです。儲かっていれば現預金は増えるはずです。

ところが、この取引先の貸借対照表を現預金の推移を見ると、増加どころか逆に減少しています。これは変だと言わざるを得ません。そこで、社長にこの疑問点をぶつけてみました。社長の回答は、売上が増え運転資金が増加しているためということでした。

確かに売上が増加すれば所要運転資金は増加します。しかし、この取引先の現預金の減り方は、所要運転資金の増加額を上回るものでした。後で判明したのですが、この決算書は嘘でした。つまり売上・利益とも水増しをした粉飾決算だったのです。

また、次のようなケースもありました。

ある取引先の貸借対照表の現預金の推移を見ると、減ってはいませんが逆に増えてもいません。損益計算書を見ると、やはり売上・利益とも増加基調にありました。

利益が伸びていれば現預金も増えるはずです。しかし、このケースは増えも減りもしていません。こういうときは利益で儲かっている資金が現預金ではなく、どこに向かっているのかを確かめます。

現預金の推移から取引先の実態が見えてくる

貸借対照表の現預金以外の項目で、増加している項目をチェックするのです。増加している項目が売掛金や在庫など営業性のものであれば、まず懸念はありません。ところが、このケースでは社長宛の貸付金が増えていました。つまり、損益計算書に計上されている利益は、社長宛の貸付金に向かっているのです。

私は社長に貸付金の中身を確認しました。社長の回答は「これは接待交際費だ」というのです。「受注を確保するためには表には出せない経費が必要だ」ということのようです。

社長の言うことも分からないのではないのですが、融資の判断においては、別の見方をする必要があります。

つまり、社長宛の貸付金が増えているのは、実質接待交際費です。接待交際費というのは、本来なら経費として損益計算書に計上されるべきものです。それが貸付金として処理されているということは、その分利益が水増しされているということです。

このことから、損益計算書に計上されている利益ほど儲かっておらず、実質の接待交際費を加味すると、利益はほとんど出ていない状態だったのです。そのために、貸借対照表の現預金は増加していなかったのです。

融資判断を行ううえでは、損益計算書に計上されている利益をそのまま返済能力に加えることはできず、実態の利益で返済能力を修正し、検討する必要があります。

このように、貸借対照表の現預金の推移を見ることで取引先の実態が見えてくるのです。真に儲かっていれば現預金は増えます。赤字であれば現預金は減少します。現預金は嘘をつかないのです。

貸借対照表の借入金の推移をチェックする

取引先というのは、むやみに借り入れることはありません。取引金融機関から頼まれて、必要もないのに借入れするケースもありますが、それには限度があります。

先行きの見通しがないのに、頼まれたからといって借り入れることはほとんどありません。

何らかの要因が短期的あるいは中期的にあるからこそするのです。

貸借対照表の借入金の推移をチェックしてみてください。

借入金が減少傾向にあるなら取引先は健全です。現預金の状況とも照らし合わせる必要性もありますが、まずは借入金の減少は青信号と考えてよいでしょう。

逆に借入金が増加傾向にあるなら要注意です。なぜ借入金が増加しているのかを検証する必要があります。その過程で取引先の実態が見えてきます。

まず、借入金が増えていてもそれほど心配する必要がないケースから紹介します。

私が担当していた取引先は年々借入金が増加していました。一方で、現預金も借入金の増加額とほぼ同水準で増加していました。

そこで社長に確認したところ、資金繰りの安定度合いを高めるために、借入金によって手許資金の水準を引き上げたということでした。つまり、借入金の増加は現預金の増加に向かっていますから、その現預金を取り崩せば借入金の水準を引き下げることができます。

このケースでは、借入金が増加していても融資判断にはマイナス材料とはなりません。借入金が増加している場合は、それが資産項目のどれに向かっているかをチェックします。

先ほどのケースのように、現預金に向かっている場合は問題ありません。また、売掛金や在庫、あるいは有形固定資産に向かっている場合は、まずはよしとしておきましょう。

問題なのは、これらの項目以外に借入金の増加が向かっている場合です。つまり、営業性の資産項目以外に借入金が向かっている場合です。

この場合はまず間違いなく、今後の借入金の返済負担が重くなってきます。なぜなら、営業性以外の資産を増やしても、それは利益を生み出すものではないからです。そのため、借入金の返済が資金繰りを圧迫する懸念があるのです。

資産項目が増えていない場合は、赤字の補てんと考えてまず間違いありません。繰り返しになりますが現預金は嘘をつきません。その現預金に直接関係する貸借対照表の現預金項目と借入金項目の推移をチェックすることで、取引先の実態が見えてくるのです。

●融資判断のポイント●

- 貸借対照表の現預金と借入金の2つの項目の推移を見ること
- 売上が増加し利益も伸びているにもかかわらず現預金が減少しているのは要注意
- 取引先の借入金が減少傾向なら健全で増加傾向にあるなら要注意ということ
- 借入金が営業性の資産項目以外に借入金が向かっている場合は要注意ということ

VI 個人資産背景が認められるケース

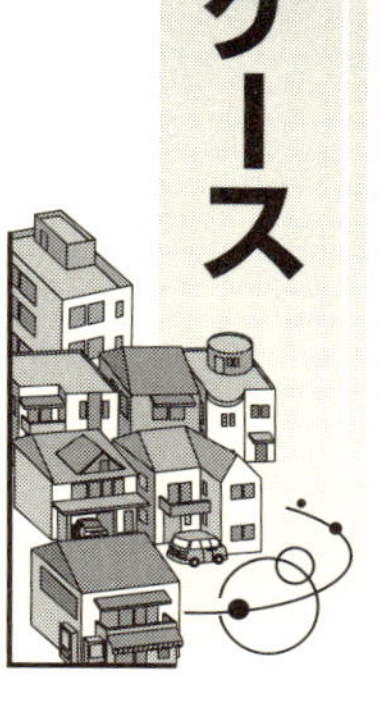

事例25
保証付融資が利用できない2期連続赤字の印刷会社から後ろ向き資金の申し出（社長個人の定期預金預け替えにより融資を実行）

会社というのは、赤字決算であってもお金が続く限り倒産することはありません。したがって、融資の可否を検討するには決算の数字だけでなく、資金繰りが続くのかどうかを見極めることがとても大切です。

見極めにあたっては、上場企業のような大企業と中小企業とでは手法が少し異なります。大企業の場合は、会社と経営者との資産・負債や資金のやり取りなどが完全に分離されているところが大半です。したがって、大企業の融資可否の判断には財務書類、つまり決算書やキャッシュフロー計算書などを分析すれば、資金繰りが続くのかどうかおおよそ見当をつけることができます。

一方で中小企業の場合は、会社と経営者との資産・負債や資金のやり取りなどが分離されていないケースが多く見受けられます。つまり、会社と経営者とが一体関係にあるということです。

このような中小企業の資金繰りを検討するにあたっては、会社の決算書など会社だけの情報のみで判断することはできません。経営者個人の資産負債状況なども加味して検討する必要があるのです。

このことは、会社の決算内容が芳しくなくても、個人との合算で考えれば融資が可能という側面も持ち合わせています。

中小企業への融資の可否をどう判断するか

〈決算内容〉

融資の可否判断における資金繰りの把握方法は、まずは決算内容を分析することからです。決算が増収増益であれば懸念は少ないと考えられます。

売上増加に伴う増加運転資金ニーズが発生しても、金融機関から融資が受けられる可能性が高いですから、一般的には資金繰りが支障を来すおそれは低いと考えることができます。

逆に決算が減収かつ赤字の場合には、資金繰りは間違いなく以前に比べてタイトになっているため、問題がないのかどうかを判断する必要が出てきます。

〈担保余力〉

会社や経営者（連帯保証人）に不動産などの資産があれば、登記簿謄本などを取得して担保の設定状況を確認しておきましょう。そして、評価額が設定中の担保額よりも大きければ、担保余力があると認められます。

担保があれば資金調達の可能性がありますから、資金繰りに問題が生じたときでも、借入れにより対応が可能と考えられるからです。会社あるいは経営者個人に資産背景が認められれば、それらの資産活用による資金調達の可能性があり、資金繰りへの懸念が減少するということです。

〈信用保証協会の保証余力〉

中小企業のほとんどは信用保証協会の保証付融資を利用しています。皆さんもご存じのとおり、基本的に信用保証協会の保証があればよほどのことがない限り、金融機関は融資に応じます。

したがって、信用保証協会の追加保証余力が認められれば、その取引先は余力部分は資金調達の可能性がありますから、資金繰り上プラスに考えることができるのです。

逆に信用保証協会の追加保証余力が認められない場合には、信用保証協会の保証付融資以外の融資、つまりプロパー融資を受けることが必要となるので、他行からの支援可能性を含めて資金繰り面を検証する必要があります。

〈他行動向〉

中小企業の資金繰りを検証するにあたっては、他行の動向把握も欠かせません。資金繰りに支障が生じた場合、ある銀行からの融資が厳しい状況でも他行から融資を受けることができれば、資金繰りの危機を脱することが可能となります。

他行からの融資が受けられる可能性があれば、それだけ取引先の資金調達余力が高いと認めることができるのです。

先に解説しましたが、中小企業の場合は会社と経営者個人が必ずしも分離していないため、経営者個人の状況も資金調達余力を判断する上で欠かせない情報となります。

その代表的なものが、前記項目にある担保余力です。

会社では担保となるべき資産を保有していなくても、自宅など経営者個人は資産を保有している場合が少なくありません。経営者個人の資産を担保に取り受けることで、融資の可能性が広がってきます。

また、経営者個人が自宅などの資産を保有していなくても、預金などの金融資産を保有していれば、それを会社に投入することで資金繰り難を回避できる可能性があります。

このように経営者個人の資産があれば、その資産を担保として取り受けなくても、将来その資産を活用した資金調達や会社への貸付により資金繰りの確保ができますから、私たちとしては安心できる材料となるのです。

社長個人の定期預金預け替えにより融資実行

〈決算内容の推移〉　（単位：百万円）

	前々年	前年	当年
売上高	366	344	335
経常利益	1	−10	−9

私が以前担当していたX社という印刷業を営む会社から融資の相談がありました。正直業績は良くありません。直近2期は連続して赤字の決算です（**図表**）。

「決算書を拝見すると赤字が続いており、融資のハードルが高くなっています。そのため、基本的には信用保証協会の保証付融資で検討させていただきたいと思います」

「信用保証協会の利用は構いませんが、無理だと思いますよ。3ヵ月ほど前に信用金庫さんで申し込んだら、申込金額の半分に削られてしまいました。赤字が続いていることが原因のようです」

「3ヵ月前だとまだ日がそれほど経過していないので、信用保証協会の利用は難しいですね。困りました」

「心配しなくても大丈夫です。いざとなったら私個人のお金を注ぎ込みますから」

「定期預金などをお持ちなのですか?」

「大金ではないけれどありますよ」

「そうですか。もしよければその定期預金を当行に移してもらえませんか?」

「担保に取るんですか?」

「いいえ、御社とは親しくお取引させていただいていますので、社長さん個人ともぜひお取引させていただけないかとの考えです。担保でなくても当行にお預けいただくことで、会社宛の融資が進めやすくなる面もありますから」

「いいですよ。定期の満期日はまだ先だけど金利もほとんどつかないから、中途解約してお宅に預けるようにします」

「ありがとうございます」

社長個人の定期預金を預け替え融資稟議の決裁を得る

翌週、私は社長を訪問し他行の定期預金2000万円を当行に預替えしてもらいました。これでX社に対する融資検討は、非常に進めやすくなりました。というのも、経営者の資産背景を具体的に把握することができたからです。

いざというときは、定期預金を担保に取ることも可能となります。または、定期預金でX社宛の融資の広義の保全が図れることになったからです。

X社は2期連続の赤字でしたが、社長個人の定期預金を預け替えてもらうことで、融資稟議の決裁を得ることができました。つまり、X社の資金調達余力が、社長の個人定期預金で証明することができたからです。

このように、資金調達余力が中小企業の資金繰り維持を見極めるうえでの重要な判断要素となるのです。

●融資判断のポイント●

・中小企業の資金繰りは経営者個人の資産負債状況なども加味して検討する必要があること
・3ヵ月前に信用保証協会の保証付融資を申込み半分の金額に削られていること
・他行に2000万円あった社長個人の定期預金が当行に預け替えられたこと
・資金調達余力が社長の個人定期預金で証明することができたこと

リスケによる支援のケース

Ⅶ

事例26
借入過多の準メインの電気部品製造会社から設備資金の申し出
（保全不足のため既存融資のリスケを実施）

取引先のY社は電気部品の製造会社です。製造品は大手メーカーの電気製品にも組み込まれており、技術力は一定の評価を得ています。当行は、準メインとして融資の支援をしており、今回、製造ライン増設のための設備資金５０００万円の申込みを受けました。

Y社の社長からは、「新たに大手メーカーへの部品納入が決まりました。中長期的に、当社の売上の大きな柱に成長することが期待できます。そのためには、今の時点で新たな製造ラインの増設がどうしても必要なのです」と強く融資の要請を受けました。

返済額と同額の融資により資金繰りを維持

私は、社長から大手メーカーとの契約書や見積書等の提示を受けて、製造ライン増設の必要性に納得するとともに、将来Y社の屋台骨になり得る話だと感じました。

当行は、準メインとして同社の成長を支援する役割があり、私は担当者として今回の融資を前向きに検討したいと考えました。

一方で、Y社は借入金が多い財務体質で資金繰りも忙しい状態です。製造工程がやや長いこともあり、最終的な売上回収までの立替期間が長く、所要運転資金を多く必要とすることが指摘されてきました（**図表**）。

新規受注のために設備投資を行うという、極めて前向きな案件ですが、ただでさえ借入金が多い状態で「これ以上貸して返せるのか？」という大きな疑問がありました。

社長からは、「年間の借入返済額は、約1億5000万円。運転資金が必要ですから、ほぼ同じ金額の調達が必要です。ここ数年は、借りては返す状態が続いています」という苦しい台所事情をヒアリングしました。

つまり、Y社は毎年毎年、返済額とほぼ同額の融資を受けることで、資金繰りを維持しているのです。逆に言うと、返済に見合う調達が途切れれば、その時点で資金繰りに大きな問題が発生するわけです。

保全確保を絶対条件として稟議を検討

Y社が過去、無難に資金調達ができた背景には、比較的好調な業績が続いていたことがあります。しかし、前々年度は大幅な減収決算となり、赤字に転落しました。こうなると、資金調達に大きな不安が生じます。

今回の設備資金とは別に、資金繰り維持のために「毎年恒例」の資金調達が必要となりますが、現時点ではまだ調達の可否は決まっていませんでした。

〈決算内容の推移〉 （単位：百万円）

	前々年	前年	当年
売上高	805	845	650
所要運転資金	395	435	336
総借入金	651	705	698

私としては、今回の設備資金についてはY社の業績にプラスになるという思いから、何とか稟議を通したいのですが、毎年続けている運転資金の調達が途切れたら、どうなるのかという不安もありました。

したがって、今回の設備資金融資は、保全確保を絶対条件に組み立てる必要があると考えました。しかし、担保となるべき資産の有無を社長と相談しましたが、資産の多くはすでに担保提供されており、新たな担保は見いだせません。

資産の多くはメイン行に提供されたものでしたが、よく見てみると、メイン行は融資額以上の担保を取り受けていることが判明しました。

私は社長に、「メイン行に担保の一部を当行に譲渡するよう交渉してもらえませんか？　稟議を通したいのですが、それには担保をいただくことが不可欠です」と伝え、早速交渉してもらうことになりました。

設備投資のための条件緩和は異例だが…

メイン行の融資残高から見て、同行の保全は過剰に担保されていることから、私は担保の一部譲渡交渉は、実現可能性が高いものと少し楽観視していました。

しかし後日、予想に反して「メイン行から同意を得ることは難しい」という連絡を受けました。社長は、当行からの設備資金融資に大いに期待しているところがあり、相当強く迫ってくれたようですが、メイン行の頑なな姿勢を崩すことはできなかったようでした。

これで、保全確保を前提条件としていた私の稟議方針は難しくなりました。信用保証協会にも打診してみましたが、有担保でないと追加の保証は難しい状況です。他に担保となるべき資産等を見当たらず、結果的に今回は融資の申込みを断らざるを得なくなったのです。

私は、社長にお詫びするとともに、改めてメイン行は十分な担保を取っていること、信用保証協会は有担保であれば追加保証が得られる可能性があることを説明し、メイン行に信用保証協会の保証付融資を相談するよう促しました。

その後、社長はメイン行に相談したようですが、融資は引き出せなかったということでした。しかし、社長の製造ライン増設にかける思いは強いものがあり、手許の資金を設備投資に回したいとの相談を受けました。手許の資金を設備投資に使用すれば、当行を含めた借入金の返済が難しくなります。私は少し検討に時間がほしいと伝え、上席とともに対応方針について相談しました。

その結果、リスケを行いY社の資金繰りを支えることになったのです。設備投資をするために返済条件を緩和することは、異例な部類に入りますが、

・前期決算が大幅減収・赤字転落であることから、今年度の運転資金の借換え調達がスムーズにいかない可能性があること
・そうなれば、設備投資に関係なく必然的にリスケせざるを得ないこと
・今回の新規受注自体はY社の将来性に寄与することであり、設備投資の必要性に合理的な理由があること
・当行は準メインとしてY社を支える一定の役割があること

などを総合的に検討したうえでの判断でした。

●融資判断のポイント●
・今回の設備資金融資は保全確保を絶対条件に組み立てる必要があること
・融資額以上に担保を取り受けているメイン行に担保の一部譲渡を断られたこと
・Y社の設備投資の必要性には製造ラインの増設という合理的な理由があること
・当行は準メインとしてY社を支える一定の役割があること

事例27　売掛金が回収不能で資金繰りが破綻状態の輸入小売会社から返済猶予の申し出（経営改善計画をヒアリングしリスケを実施）

担当先であるZ社は、バイク部品やアクセサリーの輸入小売会社です。マニア向けの商品を取り揃えており、バイクファンの間では人気のあるショップの一つです。

財務内容は比較的良好であり、社長は金融機関の人間にいつも強気の姿勢で、ときには高飛車な対応すらありました。私はこの社長が苦手だったのですが、半年ほど前に面談した際、今後の資金ニーズについてヒアリングしてみました。

新規事業に必要な資金を積極的に支援

社長からは、経営計画について強気の説明があり、海外飲食品の輸入販売など新規事業の計画も聞き取りました。

そこで、私は新規事業に必要な資金面について、当行で積極的に支援を検討させてもらう旨と、また、社長から「最近、他行の対応が悪い」という話が出たため、必要であれば借入金の肩代わりを検討する旨も伝えました。

ただ正直なところ、私は今回の件に関してあまり期待していませんでした。というのも、今までこちらから何か提案をしても、その後社長から連絡が来たことはなかったからです。時には連絡すらつかないこともあり、提案が進展したケースは一度もありませんでした。

それから半年ほど経った4月の初旬、社長から珍しく電話がありました。「相談したいことがあるので銀行におじゃましたい」とのことです。

普段来店しない社長が突然「おじゃましたい」と言うのですから、何かあるに違いありません。私は前向きな話というよりも、むしろネガティブな話だろうと想像していました。

数日後、社長が来店しました。私は、その姿を見て唖然としました。いつものきちんとしたスーツ姿からは想像もつかない、無精髭をはやした普段着姿の社長がそこに立っていたのです。

そして、次のような話がありました。

売掛金が回収不能となり返済猶予の相談に

・信用していた販売先と連絡がつかなくなったこと
・販売先には売掛金が３０００万円あり回収不能の状態であること（**図表**）
・そのため資金繰りが破綻状態になってしまったこと

〈決算内容の推移〉　（単位：百万円）

	前々年	前年	当年
売上高	220	233	230
経常利益	1	2	1
焦げ付き債権	1	1	30

・当面、借入金の返済を猶予してほしいこと

社長は、このような事態になって返済猶予が受けられるのか、とても心配していました。

私は社長の普段の態度から、金融機関に「頭を下げる事態」から逃げるタイプかと想像していたので、返済猶予の相談を持ちかけられたことを意外に感じました。

その後、売掛金が焦げ付いた経緯を詳しく聞くとともに、事業全体の状況や今後の経営改善計画についてヒアリングしました。すると、社長から次のような説明がありました。

・事業そのものは従前どおり行えること

・当面は本業に専念し海外飲食品の輸入販売などの新規事業計画は中止すること
・社長自身の報酬は向こう1年間無報酬としたこと
・社員を1人減らすなど人件費をはじめ各経費の圧縮を図ること
・借入金の返済が猶予されれば資金繰りにはメドがつきそうだということ

Z社の取引金融機関は、メインのT銀行のほか当行と地元信用金庫の3つです。今回の件について、T銀行にはすでに説明済みで、借入金の返済猶予についてもほぼ内諾を得ているとのことでした。

私は社長に金融機関は取引先の資金繰り事情を勘案し、返済条件の見直しについては、引続き柔軟かつ真摯に対応する旨を説明しました。

社長は、返済猶予が受けられなくなれば資金繰りの破綻が決定的となり、事業継続を断念せざるを得ないといった不安を強く抱いていました。

私は、改めて社長に説明しました。資金繰りの相談や返済条件の見直しについて姿勢を変えないのは、当行も同じであることを強調したのです。

また、今回の返済猶予については行内で検討するとともに、希望どおりの対応が可能であろうとの見通しも伝えました。その言葉を聞くと社長はやつれた顔の中に笑みを浮かべ、安堵の表情を見せたのです。

存続の可能性があれば資金繰り支援も可能

今回のＺ社の社長のように、資金繰りに不安を覚えている事業主は、夜もろくに寝られないほどの不安を抱いているはずです。

どんな事業にも浮き沈みはあります。そして、不幸にも貸し倒れに直面することもあります。それによって直ちに資金繰りが破綻し、事業の存続が不可能となればやむを得ませんが、多くのケースではまだ存続の可能性が残っています。今回のケースでも、返済猶予を受けて資金繰りのメドがつけば、社長が言うように、おそらく事業の継続は可能でしょう。

金融機関の役割は、資金繰りの支援が大きなウエイトを占めています。事業の継続が可能であれば、返済猶予による資金繰り支援を行うことができるのです。

●融資判断のポイント●

・売掛金が回収不能になったことで資金繰りが破綻してしまったこと
・資金繰りのメドがつけば事業を継続することは可能と思われること
・返済条件見直しは状況に関係なく柔軟かつ真摯に対応すること
・事業の継続が可能なら返済猶予による資金繰り支援は可能なこと

事例28
販売不振で売上が激減している海産物加工会社から返済条件緩和の申し出（リスケの実施とともに追加融資を検討）

A社は魚をレトルト加工し、スーパーなどに卸している会社です。社長は威勢のよい女性で、いつ会っても大きな声で話し元気いっぱいでした。

同社は設立後7年が経ちますが、この女性社長の持ち前の営業力で年商は2億5000万円ほどに成長。当行はメイン行として信用保証協会の保証付融資のほか、無担保のプロパー融資により資金繰りを支援しています。

私はある日、社長のもとを訪ねました。前回の融資実行から2年が経過しており、新規融資のセールスを兼ねて訪問してみたのです。ところが、社長は頑なにこちらのセールスを拒むのです。

「今、借入れさせてもらっても、とても返す自信がない」と。

そこには、いつもの威勢のよい社長の姿はありませんでした。そこで詳しく話を聞いてみると、新規事業が失敗し売上が激減しているとのことでした（**図表**）。

従来商品の販売不振と新商品の失敗で二重苦に

Ａ社の主力商品はサバの味噌煮のレトルト商品で、仕入れはほとんど東北地方の業者から行っていました。しかし、近年の不況でサバを仕入れることが困難になり、売上は大幅に減少。そこでＡ社は九州に新たな仕入先を見つけ、売上を回復させる計画を立てました。

九州から仕入れるのは主に金目鯛です。Ａ社は金目鯛の煮付けをレトルト加工し、郵便局の通信販売を利用した従来とは異なる販売方法を検討しました。今までにない販売ルートを確立しようとしたわけです。

事業基盤の強化を図る目的も兼ねていたため、社長はこの新商品の販売を成功させるために、すべての時間とエネルギーをつぎ込みました。

しかし、結果としてこの計画は失敗に終わりました。すでに多くの業者が参入しており、同社の商品がすぐに受け入れられるような甘い環境ではなかったのです。

新商品の販売に多くの経営資源を投入したことで、従来からの商品販売（サバ）がおろそかになり、二重の苦しみを味

〈決算内容の推移〉　（単位：百万円）

	前々年	前年	当年
売上高	250	247	65
経常利益	1	1	−45

わう羽目に陥っていました。

資金繰りに負担がかかりリスケの相談を受ける

さらに資金を新商品へ集中的に投入したこともあり、資金繰りにも大きな負担がかかっていました。

社長からは、

「御行には決して迷惑をかけないつもりでやってきましたが、ご覧のような状況です。毎月の返済が苦しくて、苦しくて…。返済額を少なくしてもらうことはできませんか？」

と、返済条件緩和の相談まで受けることになってしまいました。

私は、まず返済条件の緩和は検討できることを伝えるとともに、そのデメリットについて、次のように説明しました。

・返済条件の緩和はプロパー融資と信用保証協会の保証付融資も原則として同条件で行うこと
・他行にも返済条件の緩和を受けてもらうこと
・そのため今後の新規融資が当行および他行を含めて実質困難となること

ただ、担当者である私には、A社をいわゆる「リスケ企業」にはしたくないという思いがありました。かといって、当面の資金繰りを維持するための新規融資は難しい状況です。

社長から直近の試算表を取り受けましたが、前期と比べて売上は約7割減と極端に落ち込んでいます。売上がこれだけ減少すると当然大幅な赤字になり、とても新規融資が検討できる状況ではありません。

私は社長に、「何とかあと半年頑張ることはできませんか。お約束はできませんが、半年後の経営状況が改善しているようなら、追加融資が可能になるかもしれません。どうですか？」と尋ねてみました。

すると、社長は「今は従来の業務である、サバのレトルト商品の販売に特化しています。新商品の販売計画はきっぱりと諦めました。

やっぱり私にはサバが似合っているんです。毎日時間がある限り自ら営業を行っており、以前の水準には到達していませんが、先行きが見える状況になってきました。あと半年は何とかやってみます」と答えました。

返済条件の緩和は、確かにA社の資金繰りを維持するために効果的な方法です。しかし、一度行うと再び正常な取引先として新規融資が可能となるには、相当の時間を要してしまうのが実態です。

この間、A社は手許の資金繰りの範囲内でしか事業を行うことができず、社長の持ち前の営業力を存分に発揮する機会を奪いかねません。私はその点を最も心配していました。

半年程度の業績回復の実績を見て融資を検討

それから数ヵ月後。社長の踏ん張りの効果もあって、A社の売上は少しずつ持ち直してきました。私としては、今は追加融資は無理だとしても、向こう半年ほどの実績を見て業績が回復傾向なら、必要最低限の融資は可能ではないかと考えていました。

上司にもそのことを伝えたうえで、私は信用保証協会に出向きA社の現状を説明するとともに、半年程度の実績を見て追加保証が検討できないか相談しました。

さすがに確約を得ることはできませんでしたが、信用保証協会からは、半年間の実績を見て回復傾向にあることが判明すれば、必要最低限の追加保証は検討する旨の回答を得ることができました。

その後、私は社長と面談し、業績の回復を目指してあと半年間は何とか頑張ってほしいこと、半年後には十分ではないかもしれないが、一定額の追加融資による支援の可能性があることを伝えました。

すると、社長は「それを聞いてエネルギーが湧いてきました。今までたくさん苦労がありましたから、それに比べれば大したことはありません。半年後を期待していてください」と元気な声で答えてくれたのです。

●融資判断のポイント●

・プロパー融資の返済条件の緩和については検討できること
・返済条件の緩和は他行や信用保証協会の保証付融資も同時に行ってもらうこと
・リスケにより今後の新規融資が当行および他行を含め実質困難となること
・半年間の業績が回復傾向なら必要最低限の融資はできそうなこと

事例29　借入金の返済負担の重い自動車部品輸出会社への資金繰り改善の提案（リスケと不動産の売却により資金繰りを改善）

取引先の中には業績が順調で資金繰りも安定しており、融資取引がなかなか拡大しない先もあれば、業績に苦しみ毎日のように資金繰りに頭を抱えている先もあります。

いつも資金繰りに窮している取引先

取引先のB社は自動車部品の海外への輸出を業としており、現在の社長が勤めていた自動車

〈決算内容の推移〉 （単位：百万円）

	前々年	前年	当年
売上高	565	520	511
経常利益	−10	−14	−7
総借入金	510	525	530
年間返済額	65	68	70

部品商社から独立し設立した会社です。

業歴は古く設立して50年弱が経っています。当然社長も高齢になり、私が担当していたころは80歳でした。設立後、売上が10億円を超える時期もありましたが、紆余曲折を経て今ではピーク時の半分の5億円程度です（**図表**）。

B社の業績が悪化した理由は、他国の安価な部品に市場を奪われ、相対的に高価な日本製部品のシェアが減少したことにあります。

同社はこの状態に対し、営業を強化し売上の回復を目指しましたが、簡単に市場シェアを回復できるような外部環境でもなく、売上は回復するどころか年々減少する一方でした。

そして追い打ちをかけたのが、借入金の返済負担です。売上が低下し資金繰りが悪化したため、その不足分の穴埋めに金融機関からの借入金が増加しました。また、過去の業績好調時にゴルフ場の開発案件を手掛けていました。

もちろん、開発資金の多くは金融機関からの借入金でした。ところが、このゴルフ場開発も頓挫してしまい、残ったのは多額の借入金だけでした。

融資の繰り返しで資金繰りを維持

私はこのような状態のB社を担当することになり、社長からは約6ヵ月ごとに追加借入の相談を受けていました。もちろんその理由は資金繰りの補てんです。自己資金で返済に回せる余裕はまったくなく、6ヵ月の返済が進んだ分だけ再び借入れをし、資金繰りをつなぐことを続けていたのです。

担当して2年ほどが経ったあるとき、いつものように社長から借入れの相談を受けました。80歳という高齢のせいもありますが、資金繰りにいつも悩んでいる社長の姿を、私は哀れにさえ感じたことがありました。借入金も返したら借りるの繰り返しですから、一向に減りません。むしろ少しずつ増えている状態でした。

その借入金の水準はすでに年商を上回っていました。業績の悪化には歯止めがかかったものの、売上は低水準であり容易に回復する画は描けません。到底、年商を上回る借入金を減少させていく見通しは通常ではまったくない状態です。

私は社長に、「会社の行く末を踏まえて抜本的にどうするのか考えましょう」と話を持ちかけました。返しては借りてを繰り返しながら、売上の回復を期しているわけですが、具体的な展望はありません。そして何より社長は高齢なのです。

社長の年齢を考えれば目先の資金繰り対策は大事ですが、会社をどうしていくのか、抜本的な対策こそ大切です。

担保不動産の活用による抜本的な対策

社長に対しては、今までは追加融資が可能でしたが、もうそろそろ支援も限界に近づいており、今回はできても次回の可能性は極めて小さいことを説明しました。そして、リスケや会社の売却など抜本的な対策が必要なことを提案しました。

社長としては少しでも可能性がある限り、現在の状態のまま続けたいという気持ちが強く、資金調達が困難になるリスケには強い抵抗感がありました。また、自身が苦労して設立し育ててきた会社ですから、売却するなど思いもよらないという反応です。

しかし、現実問題としてこのままでは資金繰りに行き詰まり、破綻してしまうおそれがありました。当行は多額の融資をしていることもあり、当然破綻は望んでいません。

幸い当行は不動産担保を取得していました。社長の自宅不動産です。もっとも名義は社長ではなく奥さんです。奥さんが両親から相続された不動産とのことでした。

不動産は高級住宅街の一角にあり担保評価額が高く、当行の融資はこの担保で全額が保全されている状態でした。私は社長にこの不動産を売却し、借入金を抜本的に減らす提案をしました。

この不動産の時価評価は、当行の借入金の額を数千万円上回る水準だったため、売却して借入金の返済に充てても、なお手許に一定の資金が残り資金繰りに回せる見込みでした。

ところが、この提案にも社長の抵抗が強いのです。私はこのままでは最悪、不動産が競売にかけられるかもしれないこと、競売となれば割安な価格で落札される可能性もあることを説明しました。

しばらく社長からは何の反応もありませんでしたが、あるとき「私は構わないが妻が首を縦に振らない」と言ってきました。

奥さんにとっては代々相続されてきた実家ですから、手放すことに大きな抵抗感があるのです。これはもっともなことです。しかし抜本的にA社の資金繰りを改善し、会社の存続を求めるには、奥さん名義の不動産の売却がもっとも現実的な手法であることも事実でした。

奥さんは同社の経営に全く関与しておらず、会社の窮状を理解すること自体難しかったようでした。

担保不動産の売却により資金繰り改善に成功

このようなやり取りが続いた数ヵ月後、社長から不動産を売却する方向で話を進めたいと連絡が入りました。どうも社長が奥さんを説得したようでした。

そして、不動産売却による課税関係が分からないので、専門家に相談したいというので、銀行関連のコンサルタント会社を紹介し、税金面の相談を行ってもらうよう手配しました。

実際に売却にはそれから1年ほどの期間を要し、予想以上に高い価格で売却することができたため、借入金を完済したうえで手許に相応の資金が残りました。この後、社長の表情が明るくなったことを今でも鮮明に覚えています。

資金繰りに喘《あえ》いでいる取引先は決して少なくないはずです。売上が増加し改善してくれればよいのですが、そう簡単にはいかないケースがほとんどです。B社のように、不動産売却という手段を持ち合わせていない取引先も少なくないでしょう。

金融機関は融資を通じて取引先の資金繰りを支援することが重要な役割なのですが、場合によっては、借入金負担の軽減策を取引先と一緒になって考えることも大切です。よく言われることですが、中小企業の社長は孤独です。ましてや資金繰りのこととなると、簡単に相談できる相手は多くないでしょう。

経営の懐事情を把握している金融機関は、社長の相談相手としては最も適しているのです。社長は相談を持ちかけると相手にされなくなるのではという不安を常に抱いています。その不安を払拭し、一緒になって考えてあげることは、融資担当者の大きな役割の一つなのです。

●融資判断のポイント●

・社長は高齢で業績を回復させる見通しが立たず支援も限界に近づいていること
・借入金は年商を上回っており減少させていく見通しが立たないこと
・社長の自宅不動産を担保として取得しており評価額は借入金の額を上回ること
・残るのはリスケや会社の売却など抜本的な対策しかないこと

事例30
資金繰りの悪化に苦しむ飼料生産・販売会社へのリスケの提案
（熱心に説得した甲斐がありぎりぎりでリスケを決断）

資金繰りに窮した取引先には、金融機関宛の返済を減少させる条件変更、いわゆるリスケが有効な対応方法となります。しかしリスケにも費用がかかります。費用が捻出できなければリスケできず、資金繰りが回らない事態になるかもしれません。

追加融資による支援が限界に達しリスケを提案

担当先に、農業向けの各種飼料を生産・販売しているC社がありました。同社は地方に飼料の生産工場を保有しており、これらの設備投資資金は、金融機関の借入れで賄っていました。最近では、海外の安価な飼料が出回っていることで、売上は年々減少していました（**図表**）。

これに比例して資金繰りも悪化し、設備投資に伴う借入れの返済負担が大きくなっていました。そのため、C社からは定期的に追加融資の要請があり、最初は要請に応じて資金繰りを支援してきました。しかし、この間も同社の業績は悪化し、ひっ迫感はさらに増しました。

〈決算内容の推移〉　（単位：百万円）

	前々年	前年	当年
売上高	332	311	298
経常利益	1	−2	−5
総借入金	195	205	210
年間返済額	35	40	42

このため、従来以上に多額の要請がありましたが、追加融資で資金繰りを支援することに限界が近づいてきました。そこで、私は同社にリスケによる資金繰り維持を提案しました。

「先日融資のご相談をいただきましたが、御社の業績に回復が見られない現状で、当行としてもこれ以上の追加融資はできません」

「それは困りました。融資が受けられないと、今まで続けてきた返済ができなくなります。銀行さんはそれでもよいのですか？」

「返済はしていただかないと困ります。しかし、御社の資金繰りの実態から、返済を続けることは非常に難しいと思っています。社長、どうでしょう。一定期間元金の返済を止めて返済負担を軽減されてはいかがですか。リスケといいますが、これも一種の融資とお考えください。追加融資の代わりに返済を一定期間止めるのです」

「理屈は分かります。しかし、一度リスケをすると新規の融資が受けられなくなりますよね。これから売上を上げていくには資金が必要で、銀行さんからの借入れに頼るしかありません。融資が受けられなければ、売上の回復すらできなくなります」

「確かにリスケを行うと、その間は追加融資は原則として難しくなります。しかし未来永劫、新規の融資ができないというわけではありません。現に過去のリスケをされた取引先で、今では以前と同様に新規融資を行っている先もありますから…」

「すぐには決断できません。いつになれば新規の融資が受けられるようになるのか分からない状態で、安易にリスケをする気持ちにはならないのです。しばらく考えさせてください」

資金繰りは行き詰っていてもリスケ費用は捻出できる

C社の社長は、なかなか首を縦に振りませんでした。とにかく、今まで通り追加の融資を受けつつ、業績の回復を期したいという思いが強かったのです。

一度リスケすると追加融資の道が途絶えてしまうということも、決断の足かせになっていました。しかし、私はリスケの決断を先延ばしにすることで、手遅れになってしまうことを心配していました。

つまり、リスケを行うにも費用がかかります。多くの中小企業は信用保証協会の利用があり、リスケは当然、信用保証協会の保証付融資も対象となります。保証付融資をリスケするには追加保証料の支払いが発生します。もし延滞していたら利息の清算も必要です。

C社の資金繰りは行き詰っていましたが、まだリスケの費用を捻出できる余力がありました。そのため、余力があるうちに行うことを勧めたのです。

もし費用が捻出することができないくらい資金繰りが行き詰まると、信用保証協会からの代位弁済や担保処分、資産の差押えなど強制回収の手段しか残らなくなります。こうなったら手遅れなのです。

手遅れにならないうちにリスケを説得

C社の毎月の返済日は月末ですが、その10日ほど前に社長から「今月末の返済を半月ほど返済を待ってほしい」という連絡がありました。同社の資金繰りは、時間の経過とともにさらに悪化していたのです。

私は延滞の引き金となった資金繰りの説明を求めるために、銀行に来店してほしい旨依頼しました。社長に来てもらい、上司からもリスケについて社長の背中を押してもらおうと考えたのです。

「申し訳ない。月末にどうしても支払いをしないといけないところがあり、これを優先させてほしい。そのため月末の御行への返済は待ってほしい。来月の10日頃には売上の入金があるので、それまで何とかならないでしょうか?」

「どうしても支払いをしないといけない先はどこですか?」

「原材料の仕入先です。実はこの会社には資金繰りが厳しくなり買掛けが溜まっています。ですから、支払いをしないと原材料の新規仕入ができなくなってしまうのです。そうなると、商売はストップしてしまいます。だから月末にどうしても支払いをしないといけないのです」

「ご事情は分かりました。ただ立場上、延滞はいいですとは言えません。リスケをするなら月末の延滞は受け入れられます。本日のお話から推察すると、私たちが感じている以上に資金繰りの悪化が懸念されます。そのような状況では、追加の融資を検討できる余地はありません」

「すでにご案内していますが、リスケには信用保証協会への追加保証料など費用負担が発生します。本日お持ちいただいた資金繰表を拝見する限り、まだこの費用をお支払いいただける状態にあると思います。これが捻出できなければ延滞が長期化し、本意ではないですが、強制回収や信用保証協会からの代位弁済などの手続きを進めるしかありません。今のうちにリスケを行い、いったん資金繰りを維持・安定させ、売上回復に専念されたらいかがでしょうか？」

「分かりました。リスケをお願いすることにします。今まで頑張ってきたのですが、ここまで資金繰りが悪化するとは思ってもみませんでした。残念ですがそれしか道がないようですね」

以前担当していた取引先で、資金繰りが底をついてしまい、リスケ費用すら捻出できずに延滞が長期化、保証協会による代位弁済となったことがありました。代位弁済となれば、金融機関との取引を正常化することは困難となります。

そうならないように、C社にはまだ余裕がある時点でリスケを決断してもらい、業績の回復を期してもらうことにしました。

●融資判断のポイント●

- 資金繰りが悪化し設備投資に伴う借入れの返済負担が大きくなっていること
- 追加融資で資金繰りを支援することに限界が近づいてきたこと
- 資金繰りは行き詰っていたがリスケの費用を捻出できる余力があったこと
- 代位弁済になると金融機関との取引を正常化することは困難となること

Ⅷ 融資先調査を怠ったケース

事例31 設立後間もない新規先の道路補修会社から申し出られた設備資金への対応（実態把握を怠り実施した保証付融資）

今回は融資先の実態をよく把握せず、結果としてだまされて融資をしてしまった事例です。

銀行に入行して3年目のときでした。私は融資係に配属され初めて担当先を持たせてもらいました。ある日のこと、窓口に取引のないD社の社長が来て、融資の相談を受けました。一見、「大学生？」と感じるほどに若い社長でした。

建設機械を購入するための融資を希望

早速、話を聞いてみると、

・会社設立後6ヵ月であること
・事業内容は道路の補修工事
・今回、事業用の建設機械を購入するための融資を希望する
ということでした。

私は、この若い社長と道路の補修工事が結びつかなかったので、その場で「学校を卒業して道路工事の仕事をされていたのですか？」と質問してみました。すると、社長は「学校にいたときから道路の補修工事に興味を持っていたので、卒業後すぐにこの会社を興しました」と答えました。

その答えに少し違和感を感じたものの、私は若く融資業務にまだ慣れていなかったので、社長に言われるがままに、建設機械の見積書や事業内容が分かる書類などを取り受けました。そして、信用保証協会の保証付融資で検討することを説明するとともに、その場で信用保証協会宛の申込書を取り受けたのです。

上司にいきさつを報告すると、「信用保証協会の保証付融資ではあるが、初めての取引だから一度事務所を訪問しておくこと」との指示を受けました。

数日後、D社を訪問すると、事務所はマンションの一室にありました。中に入るときれいな部屋があり、道路の補修工事に使用される機材などはまったくありません。壁にはスポーツカ

ーのポスターがやたらに貼ってありました。いま考えれば、これは明らかに異常で、実体のない事務所だったのです。

しかし、当時の私はお客様を訪問し、そこで何を話そうかということばかりに気を取られてしまい、事務所が実体を感じさせないことに意識を集中できませんでした。あいにく社長は外出中で、応対に出た事務の人にあいさつ程度の言葉を交わして現地を後にしました。

融資契約後に途絶えた社長との連絡

融資の申し出から1ヵ月ほど経過したところ、信用保証協会の保証が決まりました。私は社長に融資の契約のため来店してほしい旨を伝え、実際に融資契約を結びました。

今回の融資の資金使途は建設機械の購入でしたから、社長には使途の管理の必要性から、振込伝票の提出を依頼しました。これに対して、社長は少し驚いた様子を見せたものの、こちらの依頼どおりに振込伝票を提出してくれました。

数日後、融資実行と同時に振込手続きを行いました。私は社長にその旨を連絡し、後日、購入先からの領収書の写しを提出してもらうよう依頼しました。

それから1週間ほど経過した時点で、D社からはまだ領収書の写しの提出がありませんでした。電話で連絡しても、「社長は不在」とのこと。戻ったらすぐに連絡がほしいと伝言を残しておきましたが、いくら待っても返事はありません。

翌日、再び電話をしても、やはり「社長は不在」との返事です。他の取引先なら、融資実行前後はたとえ社長が不在であっても、数時間後には必ず連絡がありますので、私は少し不安を覚えました。

偽造された領収書と架空の機械購入

その後も社長からの連絡はなく、私はやむを得ず電話口に出た事務の方に「領収書の写しを速やかに提出いただくよう、社長に伝えてほしい」と頼みました。

…数日後、社長からの連絡はないまま、領収書の写しが支店に郵送されてきました。それを見て私は違和感を覚えました。機械の購入先は大手建設機械の販売会社です。しかし、送付されてきた領収書の写しは、文房具屋でよく売っている領収書に似ており、すべて手書き。建設機械販売会社の社名も手書きで、印鑑は押印されていませんでした。

融資の契約時に預かった振込伝票には、確かに建設機械販売会社が振込先として明記されていました。そのため、私は振込は間違いなく行われていると思っていたのです。

上司に報告すると、販売会社に念のため確認するよう指示を受けました。すると、販売会社から驚くべき答えが返ってきたのです。それは、そもそもＤ社から建設機械購入の話などなく、領収書も発行していない。過日、D社から連絡があり、間違って振込してしまったので、お金を戻してほしいと依頼を受けたというのです。

そうです。融資の相談はそもそも嘘で、私はだまされていたのです。すぐにD社に連絡しましたが電話は通じません。その後出向きましたが、すでに事務所は移転した後でした。

私はとにかく悔みました。若い社長の説明に違和感を覚えたこともさることながら、事務所の室内に道路の補修工事に結びつくものがなかったことを、鮮明に思い起こしました。

融資の可否判断では、実務に慣れているいないに関わらず、相手方の話や目で見たことに違和感を覚えたら、とことん突き詰める姿勢が大切です。

実体のない事務所に違和感を覚えたとき、工事用の機械はどこにあるのかといった実態面の把握を行っていれば、この事態は防げたのではないかと今でも悔んでいます。

●融資判断のポイント●

・社長に言われるまま建設機械の見積書や書類等を何の疑問も感じず取り受けたこと
・信用保証協会の保証付融資ということで多少の油断があったこと
・社長の話や見たことに違和感を覚えたのにその場で追及しなかったこと
・事務所訪問時に工事機械のありかなど実態面についてきちんと把握しなかったこと

IX 融資取上げの困難なケース

事例32 利率だけで銀行を選別するスポーツ用品販売会社からの融資申し出
（利率だけで判断された残念な案件）

融資業務に長く携わると、取引先の業績の良し悪しに関係なく、「この先には何としても融資したい」と思ったり、逆に「この先には絶対に融資したくない」と思うときがあります。今回は、私が「この先には絶対に融資したくない」と思った事例を紹介します。もっとも、決して個人的な感情からではありません。銀行取引全体を考えてのことです。

特別ファンドを利用した低利率の条件を提示

ある日、スポーツ用品を取り扱うE社の社長から、一本の電話がかかってきました。「来月末に借入れを考えている。お宅の条件を明後日までに提示してほしい」というものです。

E社の業績は堅調で、日ごろからシェアアップを志向していました。取引金融機関は当行のほかに3行あり、どこも積極的な対応をしています。当行は、以前は融資額で第2位の地位にありましたが、直近は第3位に甘んじており、シェアアップの機会をうかがっていました（**図表**）。

〈取引金融機関別シェアの推移〉 （単位：%）

	3年前	前々年	前年	当年
当　行	20.1	29.8	25.5	20.4
A 信 金	46.5	42.6	40.7	42.9
B 銀 行	22.1	18.2	23.5	26.8
C 信 金	11.3	9.4	10.3	9.9
合　計	100	100	100	100

私は上司に、何とか今回の融資を獲得してシェアを回復したい、日ごろから利率などの条件に厳しい先なので、思い切った低利率の条件提示をしたいと訴えたところ、「ちょうど今、銀行全体で優良先への低利率の特別ファンドを募集しているので、それを利用して条件提示してみてはどうか」とアドバイスされました。

私は、E社の社長から指定された回答期日に連絡し、特別ファンドを利用した低利率の融資条件を提示しました。

すると、社長は「今回はなかなかいい利率だね。今までに回答のあった銀行の中では一番低いよ。あと1

行から回答をもらっていないが、この分だと、今回はお宅で借入れすることになると思う」と言われたのです。

今回の融資は当行でできると、私は内心喜びました。しかし、上司に経緯を報告すると、「まだ安心はできない」と少しブレーキをかけられました。

繰り返される利率引下げの要請

その日の夕刻、社長から電話がありました。私としては、「今回はお宅でお願いする」という返答を予想していたのですが、社長からは「実はあの後、お宅から提示された利率をほかの銀行にも伝えたんだ。そうしたら、お宅より高い利率を提示していたA信用金庫から、もっと低い利率の再提示があった。ただ、今回はお宅でと考えていたんだ。どうかな、金利はもっと下げられる?」と打診されました。

私は内心「当行の利率を他行に言わないでほしい」と思いつつも「そうですか。分かりました。もう一度検討してみます。少し時間をください」と言って電話を切り、すぐ上司に報告しました。

上司は、「しょうがないな」といった顔つきをしながらも、最終的にA信用金庫よりもさらに低い利率を提示することを承知してくれました。ただし、次に社長に会うときは、「これが最後の提示です」と伝えるように言われました。

私は、早速社長と面談し、A信用金庫よりもさらに低い利率を提示しました。すると、社長は「なかなかやるじゃないか。では、今回はお宅のお世話になるよ」と言いました。私はE社に久しぶりに融資ができ、シェアアップできることが嬉しくなり、早速、稟議書の作成にかかったのです。

融資以外の取引の充実が可否判断にも影響する

ところが翌日、社長から再び連絡が入り、「A信用金庫に、今回はお宅から借入れすることを伝えたところ、さらに低い利率の提示があったんだ。お宅もこの利率で大丈夫かな？　無理であれば、A信用金庫から借入れするけれど」と思いがけない言葉を耳にしました。

私は「昨日、社長は当行から借入れしてくださるとおっしゃったじゃないですか」と言いましたが、社長は「でも、先方のほうが利率が低いから」との反応。

私はピンと張り詰めていた糸が切れたような気がしました。これではバナナのたたき売りと一緒です。私は、取引先とは常に「長い付き合いが大切である」という思いを持っていました。また、取引は何も融資に限らず、預金や為替など複合的なもののはずです。

しかし、残念なことに社長の頭の中には、「利率が低いところから借入れをする」という考えしかないように感じられたのです。

A信用金庫の利率とあまりにも差があるのであれば、やむを得ないのですが、その差はほんのわずかなものでした。さらに、E社には振込手数料の優遇など、利率以外でも一定の努力をしているつもりでした。利率の比較だけで金融機関を選別し、総合的な判断をしてくれない社長の考えに、私は嫌気が差してしまったのです。

その後、上司には、社長からさらに利率の引下げ要請があったこと、しかし自分としては、これ以上の引下げには応じたくないことを報告すると、上司には「君の考え方でいい」と言われました。

私は社長に、当行としてはこれ以上利率の引下げは困難であり、他の取引を含めた総合的な判断で借入れする金融機関を決めてほしいとお願いしました。しかし結果が変わることはありませんでした。

このような例は、日常的によくあることですが、利率で取れた融資は簡単に利率で取られてしまいます。また、利率だけで勝負するほどレベルが低く疲れる交渉はありません。

融資利率以外の分野でも取引拡大を図り、取引先に利率だけを判断材料にされないためにも、日ごろからのコンタクトが大切です。また、融資以外の取引振りの充実が、ここぞというところで融資の可否判断にも大きな影響を与えるのです。

●融資判断のポイント●
・取引は融資に限らず預金や為替など複合的なものと理解してもらうこと
・利率で取れた融資は簡単に利率で取られてしまうことを理解すること
・利率だけで融資取引を判断されないためにも日ごろからコンタクトしておくこと
・融資以外の取引振りの充実が融資の可否判断にも大きな影響与えること

事例33　客数の減少と客単価の低下で苦しむ居酒屋から赤字補てん資金の申し出（資金繰りへの不安から業績の改善までは見送り）

私の担当先に居酒屋を営んでいるF社があります。元々は社長（女性）の母親が経営していた会社で、それを引き継いだ形で事業を続けています。

電車の駅に程近い場所に店舗を構え、主にサラリーマン向けに低価格で提供しています。客席は20席ほどで、決して大きな店ではありません。昼間は営業しておらず、夕方から深夜にかけて営業しています。

赤字決算のため今後の事業見通しをヒアリング

あるとき、社長から当面の運転資金として500万円の融資の相談がありました。実はF社は、ここ3年ほど赤字決算の状態が続いています。近隣に低価格の居酒屋が相次いで出店したことから、客数の減少と客単価の低下というダブルパンチに苦しんでいました（**図表**）。

居酒屋というのは現金商売が基本です。売上回収までの資金の立替えが発生しないため、運転資金は必要ないのです。運転資金が必要ない会社からの融資の相談は、大抵は赤字補てんと考えられます。F社は赤字決算が続いていましたから、まさしくそのとおりでした。

〈決算内容の推移〉　（単位：百万円）

	前々年	前年	当年
売上高	90	81	74
経常利益	−5	−8	−8
総借入金	25	29	30
年間返済額	4	5	6

私は、社長に今後の業績回復の見込みや改善策について質問しました。赤字が続いていますから、信用保証協会の保証云々より、まず今後の事業見通しを確認しておく必要があります。

社長からは、改善策について説明がありましたが、その中で最も力を入れるとしていたのは、地域の同業他社と協力して、店舗周辺の人通りを増やすというものでした。客単価を上げることは難しいため、客数の増加によって業績を改善しようというものです。

ただ、客数を増やすといっても簡単ではありません。比較的近くに居酒屋の入る商業施設があり、この商業施設付近に人が流れているため、社長はどうにかしてF社の店舗側へ人の流れを変えたいと考えていました。E社単独では効果が期待できないため、近隣の同業店舗数店と協力して集客を行い、自店への客数を増やそうという目論見です。

私はこの計画について理解はできたものの、果たしてそう簡単にいくのかどうか、確信が持てませんでした。むしろ無理ではないかと考えていました。

保証協会に打診するも減額を申し入れられる

F社は、日本政策金融公庫からも借入れがありますが、それ以外は当行のみとの取引です。取引歴も長いため、赤字というだけで融資を断ることもできず、信用保証協会の保証付きで融資を検討することになりました。

社長にも、信用保証協会の保証を得ることを前提に、融資を検討する旨を伝え、信用保証協会に事前相談するために、個人情報利用の同意書類を取り受けました。

翌日、私は信用保証協会に同社の決算書を持参し、社長から依頼のあった500万円の融資を相談しました。しかし、ここ3期連続して赤字であることや、すでに相応の保証利用残高があることで、信用保証協会からは希望額の500万円に遠く及ばない、200万円程度が精一杯との回答を受けました。

私は再度金額を交渉しましたが、満足のいく回答を得ることはできませんでした。

後日、私は社長に結果を連絡しました。社長からは「金額が減額となったことは残念だが、200万円でもいいから融資を受けたい」という返答がありました。しかし、私としては、200万円の融資額で果たしてF社の資金繰りに当面支障が出ないのか不安でした。

F社の直前の決算は、およそ800万円の赤字。その前の決算もやはり同程度の赤字です。F社は現金商売をしていますから、理論的には年間800万円の資金不足が発生することになります。今回、借入れをしようとしている200万円の資金は、年間の4分の1、つまり3ヵ月で底をついてしまう計算です。

3ヵ月後には、再び資金繰りに支障が出ることは確実で、そのとき再び融資を行うことは、ほぼ不可能です。仮に今回200万円の融資を行ったとしても、F社の資金繰りを安定させることはできないと思いました。

融資により資金繰りの安定が望めないため謝絶

社長は、近隣の店舗と協力して客数を増やす計画を語っていましたが、たった3ヵ月でその効果が表れて資金繰りが改善するとは考えられません。

私は非常に言いづらかったのですが、融資しても数ヵ月しか持たない状況では、融資ができないことを伝えました。社長は戸惑いつつも何とか融資をしてもらえないかと懇願しました。しかし、信用保証協会の保証があるとはいえ、数ヵ月後に資金繰りが行き詰まるおそれがあるのでは、融資を実行することは信義上できません。私は社長に「融資によって当面の資金繰りに支障がなくなることが見えてこなければ、融資はできない」と伝え、理解を求めました。社長が非常に困った表情をしたので辛かったのですが、やむを得ません。一方、社長からは「事業に改善の兆しが見えてきたら、再び融資をお願いできますか」と質問を受けましたが、それは当然ながら検討すると伝えました。

また、社長からは今の商売を辞めるわけにはいかないこと、商売を続けるには、近隣店舗と協力して客数を増やすしか手立てがないことについて説明がありました。

結局、当面の資金は母親に用立ててもらうとの話がありました。非常に心苦しい思いでしたが、融資の基本として、今回の申入れに応じることはできません。社長には計画の進捗を定期的に教えてほしいこと、進展が見えてきたら改めて融資の相談を受けることを伝えました。

F社の業績が改善するかどうか、私には分かりません。やはり今回の融資には、応じたほうがよかったのかなという思いもあります。融資の原則的な考え方と、担当者としてのお客様への思いとの狭間で悩んだ案件でした。

●融資判断のポイント●

・信用保証協会の回答は５００万円どころか２００万円が精一杯だったこと
・２００万円の融資では資金繰りを安定させることはできないこと
・当面の資金繰りに支障がなくなることが見えなければ融資できないこと
・事業に改善の兆しが見えてきたら改めて融資の相談を受けること

事例34 シェアアップを目指した食品商社からプロパー融資の申し出

（約束の不履行により追加融資を謝絶）

金融機関の融資判断は、融資先の返済能力など信用面の良し悪しが大きな判断要素となりますが、その根底にあるのは融資先との信頼関係です。

お金を必要としている取引先に融資により資金を提供することは、金融機関の大きな役割です。ただ、融資取引というのはお金を貸すだけでなく、貸したお金を返済してもらわなければなりません。つまり、金融機関との取引は単にモノを売買するような短期間で終わるようなものではなく、長期間になることが圧倒的に多いのです。

長期にわたるつきあい、それを維持するには取引先の信用面だけではなく、信頼関係が前提として存在します。信頼できない取引先とは、どれだけ業績が良好でも落ち着いて長くかつ安心した取引はできないのです。

取引各行の借入金が減少している先からの申し出

私は以前、魚のレトルト商品を販売しているG社を担当していました。同社との取引歴はそれほど長くなく、5つの取引金融機関中、当行は融資シェアでは最低という位置づけでした。

当行はいわゆるプロパー融資のみで、融資以外の取引はまったくなく、G社の預金口座は毎月の融資の返済資金の入金と引落しのみの状態でした。ただ、業績はまずまずだったため、私は訪問頻度を上げて取引を拡大できないか、さまざまな提案を含めて営業をしていました。

このような動きを1年ほど行っていたとき、G社から融資の相談がありました。私は地道な営業活動が実ったと思い、少し嬉しくなって出向きました。

訪問して社長と話をした際に、融資の検討資料として試算表と、金融機関の預金・借入れの取引状況表を取り受けました。社長からは「保証協会の枠は一杯だと思うから、今回もプロパー融資をお願いしたい」と言われました。

〈決算内容の推移〉　（単位：百万円）

	前々年	前年	当年
売上高	575	580	555
経常利益	1	2	0
総借入金	296	275	250
年間返済額	15	13	11

私は銀行に戻るとさっそく資料等を参考に検討しました。業績は前期比やや下降気味でした。ただ、社長との面談時に今期は前期比マイナスとなるものの、最終利益は黒字を確保できる見通しだということを確認していました。

私が一番気になったのは、業績面よりも取引他行の動きでした。取引状況表を見ると、すべての銀行の借入金が減少していました。

G社の資金繰りは決して潤沢ではなく、資金繰りを維持・安定させるためには、一定の新規借入れは必要だと私は考えていました。それが1年以上、取引各行からの借入金が増えていないのです（**図表**）。

ということは、返済のみを続けてきたということです。そのため、G社の試算表上では現預金の水準が前期比大幅に減少しており、手許資金を取り崩して借入金の返済に充てていることが読み取れました。

社長は「特に借りる必要もなかったので、手許資金で返済をしてきた」と説明しました。私はそうかもしれないと思いつつ、「他行から借入れができなかったのでは？」とも考えました。

本来なら、他行からの借入減少の真の理由を確認してから、融資の可否判断をするところですが、1年間の営業活動でようやく新規融資にたどり着いたという思いが強かったため、何とかこの案件を実現させたいという気持ちに傾いていました。

3つの条件付きでプロパー融資を実行

上席者と協議した結果、条件付きでプロパー融資を実行することになりました。その条件は、①売上入金の確保、②今期決算が確定した時点で信用保証協会の保証付融資の取込み、③買掛金支払いなどの振込取引の確保、という3点です。私はさっそく社長と面談し、この条件を近々実現してほしい旨交渉しました。

まず売上入金については、すべての入金を当行宛に変更することはできないが、一定の売上入金は相手方との交渉次第では可能とのこと。そして来月以降、順次対象先の売上先に当行宛への入金に変更するよう依頼してもらえることになりました。

次に信用保証協会の保証付融資です。これについても今期決算が確定し、信用保証協会の追加保証が可能なら、申込みをしてもらえる約束を取りつけました。

最後の振込取引についても、当行にしてもらうことを約束いただきました。

このように、こちらからの約束事はすべて了解していただき、当行はプロパー融資の実行に踏み切りました。

約束の不履行で崩れた取引先との信頼関係

それから3ヵ月後、社長から追加融資の申し出がありました。私は前回の3つの約束事のうち、信用保証協会の保証付融資については今期の決算が確定しないため、残り2つの進捗状況を確認しました。

私は当然すでに実行してもらっている、あるいは準備が進んでいるものと思っていました。ところが、まったく進んでいませんでした。

売上入金については「まだ相手方に話をしていない」、振込取引についても「経理の人間の手間暇が増えるのでできていない」という回答でした。そこで私は、やや強めに前回の約束事が進んでいないことは不芳であることを伝えました。

これに対して社長は「こちら側にも事情があるから一方的に言われても困る」、さらに「融資の契約書にそのようなことは書いてない」などと言うのです。

確かに融資契約書に売上入金をシフトするとか、振込取引を開始するなどは一言も書かれていません。しかし、これはあくまでもG社、そして社長との信頼に基づく約束です。それをこう言われては信用することはできません。

今、振り返ってみると、G社は他行に対しても約束事を反故《ほご》にしたことで信頼関係が崩れ、追加融資を受けられなくなっていたのです。そのため、事情を知らない私に相談し、融資を受けるために、最初からの履行するつもりのない約束を「やります」と嘘をついていたのです。私は追加融資を検討する気持ちがなくなり、数日後に申し出を断りました。

冒頭でも述べたように、取引先の取引の根底にあるのは信頼関係です。これがなければどんなに業績が良好な先であっても、長い付き合いとなる融資取引はできません。特に中小企業は「企業＝社長」ですから、社長との信頼関係は取引上欠かせないのです。

融資判断の要素として「ヒト、モノ、カネ」と言われますが、信頼関係は「ヒト」の部分にあたります。これは取引先の業績面と同等、あるいはそれ以上に重要な事柄なのです。

●融資判断のポイント●

・新規借入れが必要にもかかわらず1年以上すべての銀行の借入金が減少していたこと
・他行の借入減少の真の理由を確認してから融資の可否判断をしなかったこと
・約束事を反故にしておいて契約書に書かれていないなどと開き直られたこと
・折衝の過程で取引先の社長との信頼関係が崩れてしまったこと

事例35
前任者から引継いだスポーツ用品卸売会社への融資提案
（増加する投有価証券投資を理由に融資を謝絶）

法人や個人事業主への事業資金の融資は、文字通り事業に関わる必要資金に対して行われるものです。大半の取引先は運転資金や設備資金、あるいは納税資金やボーナスの支給資金など、事業に関わる需要に利用しています。

しかし、残念ながら取引先の中には直接的ではないにしても、事業資金以外の使途、例えば投融資に資金を流用しているケースがあります。

頻繁になされている融資金による有価証券への投資

私の担当先に、スポーツ用品の卸売りをしているH社という会社があります。私が前任者と引継ぎの挨拶に行ったとき、前任者が運転資金融資の提案をしていました。そして数日後、同社から先日の融資をお願いしたい旨の連絡がありました。

私は事情がよく分からないまま、前任者からの引継ぎ事項と割り切って、融資の実行まで手続きしました。貸借対照表を見て、有価証券の金額が大きいことに少し疑問を感じましたが、あくまでも前任者からの引継ぎ事項として淡々と手続きを進めました。

それから数ヵ月が経ち、私はH社の有価証券のことが気になり、改めて過去から現在までの決算書や取引状況を確認しました。

過去数期の決算書を眺めていると、年々有価証券の金額が増えていることを改めて把握しました。そして、過去の融資は有価証券投資に流れていることが分かりました（**図表**）。

当行の預金口座の動きを調べてみると、融資した資金が直接有価証券投資に使われてはいないものの、頻繁に証券会社宛に振り込まれていました。

これは直接的にはないにせよ、各行の融資の一部が有価証券投資に流用されているという、融資の管理上まずい事態でした。

そこで、私はH社との社長と面談しました。

「有価証券への投資が増えていますが、どういう目的からですか？」

「特に目的はありません。余裕資金を有価証券で運用しているのです。銀行さんに預けてもほとんど利息はつかないでしょ」

〈売上高と融資額等の推移〉（単位：百万円）

	前々年	前年	当年
売上高	320	335	330
当行融資額	35	40	55
有価証券投資額	8	15	35

「有価証券に投資すること自体は自由ですから、私どもが口をはさむ事柄ではありません。しかしながら、当行は御社に融資をさせていただいています。当行の融資はすべて運転資金に利用していただくためのものです。融資資金が直接に有価証券に流れているとは思いませんが、当行からの融資金額が増えている中で有価証券投資額も増えているとなれば、間接的にせよ融資資金の一部が有価証券投資に向かっていると考えざるを得ません。別の申し上げ方をすれば、有価証券投資を行わなければ、当行の融資は必要ないかもしれません」

「もちろん、御行から借りた資金をすぐに有価証券の投資には回しているわけではありません。あくまでも、売上先から代金が入金されて資金に余裕が出たときに行っているのです」

「分かりました。ところで有価証券投資はこれからも増やすおつもりですか」

「増やすとお宅が困るんでしょ。銀行さんの理屈もある程度は分かります。価格の問題がありますが、なるべく早く有価証券投資はやめて、持っているものは売るようにします」

「そうですか。そうしていただくと、御社への取引が今まで以上にしやすくなります」

私は有価証券投資への銀行の考え方を説明し、有価証券投資が増えている状況では、取引を拡大しづらい旨を訴えたのです。そして社長からは「分かった」旨の回答があり、順次有価証券を売却していく意向を聞き、ひとまず安心しました。

約束を反故にしさらに有価証券投資が増加

それから数ヵ月が経過した頃にH社から電話が入り、賞与資金の融資をお願いしたいとの相談がありました。私は検討資料として最近の試算表の提出を依頼しました。

1週間後に試算表が用意できたとの連絡があり、私は社長を訪問しました。そして社長から渡された試算表を見て愕然としました。前回、減らしていくと約束してくれた有価証券投資が、減るどころが逆に増えていたのです。

「有価証券投資は減らしていくとおっしゃったのに、試算表を見ると増えているじゃないですか。一体どういうことですか？」

「いやぁ、証券会社の担当者が熱心でね。いい株式があるからとセールスされたので買ってしまったんだよ。すぐに売りますから心配しないでください」

「率直に申し上げますが、こんな状態では賞与資金の融資はできません」

「どうしてですか？　社員に賞与を支払うためにお金を借りたいと言っているんですよ。有価証券を買うために借りたいと言っているわけじゃない」

「そのことは先日もご説明したとおり、直接的にせよ間接的にせよ当行からの融資資金が有価証券に回っていることが想定される状態では、追加の融資はできません。すでにご理解いただいたものと思っていましたが…」
「でも、今回はちゃんと社員への賞与資金に使いますから、何とかお願いできませんか…」

やむを得ず賞与資金の融資を謝絶

前回の面談時に有価証券投資に対する金融機関の考え方を説明し、これからは減らしていくと言ったにもかかわらず、逆に増えていたのでした。

金融機関の事業資金融資の返済原資は、事業と通じて得た利益が源泉となります。ところが、一部にせよ融資資金が有価証券投資に回っていると、理論的にはその分だけ返済原資となる利益が少なくなります。

また、有価証券は価格変動が大きいという特徴があります。幸い利益が出ればよいですが、売却損が発生すれば資金繰りに穴が空くことになります。資金繰りに穴が空くということは、事業に回せる資金に支障が出るおそれもあるのです。

このように、有価証券投資は融資する側から見ると、返済原資を毀損させる可能性がある危険なものだといえます。また、定性面においても悪影響があります。

つまり、有価証券は日々価格が変動することから、誰しも日々の価格の動きが気になります。気にするあまり社長が事業に専念できないという事態も懸念されるのです。

もっといえば、真面目な社長は会社の資金を有価証券投資に回したりはしません。せいぜい社長個人の資金の一部で投資する程度です。ですから、こういう社長が経営する会社に融資することは回避すべきなのです。

その後、私は今回の賞与資金の融資を断りました。今後、有価証券投資が減少しない限り、これからも新規融資の採り上げは非常に困難であることを伝えました。

少し厳しい言い方かもしれませんが、社長に分かってもらえないと今後H社への融資はできません。本当に事業で必要となった場合でも融資できないとなれば、それは同社にとってマイナスとなります。そうなってほしくないため、私は社長に少し厳しい言い方で有価証券投資をとがめたのでした。

●融資判断のポイント●

- 融資金額が増えている中で有価証券の金額も増えていること
- 面談時に有価証券投資を減らすと言ったにもかかわらず逆に増えていたこと
- 融資資金が有価証券投資に回ると返済原資となる利益が少なくなること
- 金融機関の考え方を説明したにもかかわらず理解が得られなかったこと

●著者略歴●
井村　清志（いむら・きよし）

1965年生まれ。
大学卒業後、現在のメガバンクに入行し、現在までほぼ一貫して大企業向けおよび中小零細企業向けに融資業務を担当。営業担当から融資審査、融資管理担当まで幅広い融資業務に従事。

中小零細企業の融資判断事例集

平成26年11月7日　初版発行
令和5年6月2日　第4刷発行

著　者――――――井村　清志
発行者――――――楠　真一郎
発　行――――――株式会社近代セールス社
〒165-0026　東京都中野区新井2-10-11
ヤシマ1804ビル4階
電　話　(03) 6866-7585
FAX　(03) 6866-7595
印刷・製本――――株式会社暁印刷
デザイン・イラスト――与儀勝美

ISBN 978-4-7650-1258-4